Bibliothèque Religieuse, Morale, Littéraire,

POUR L'ENFANCE ET LA JEUNESSE,

PUBLIÉE AVEC APPROBATION

DE Mgr L'ARCHEVÊQUE DE BORDEAUX,

DIRIGÉE

PAR M. L'ABBÉ ROUSIER.

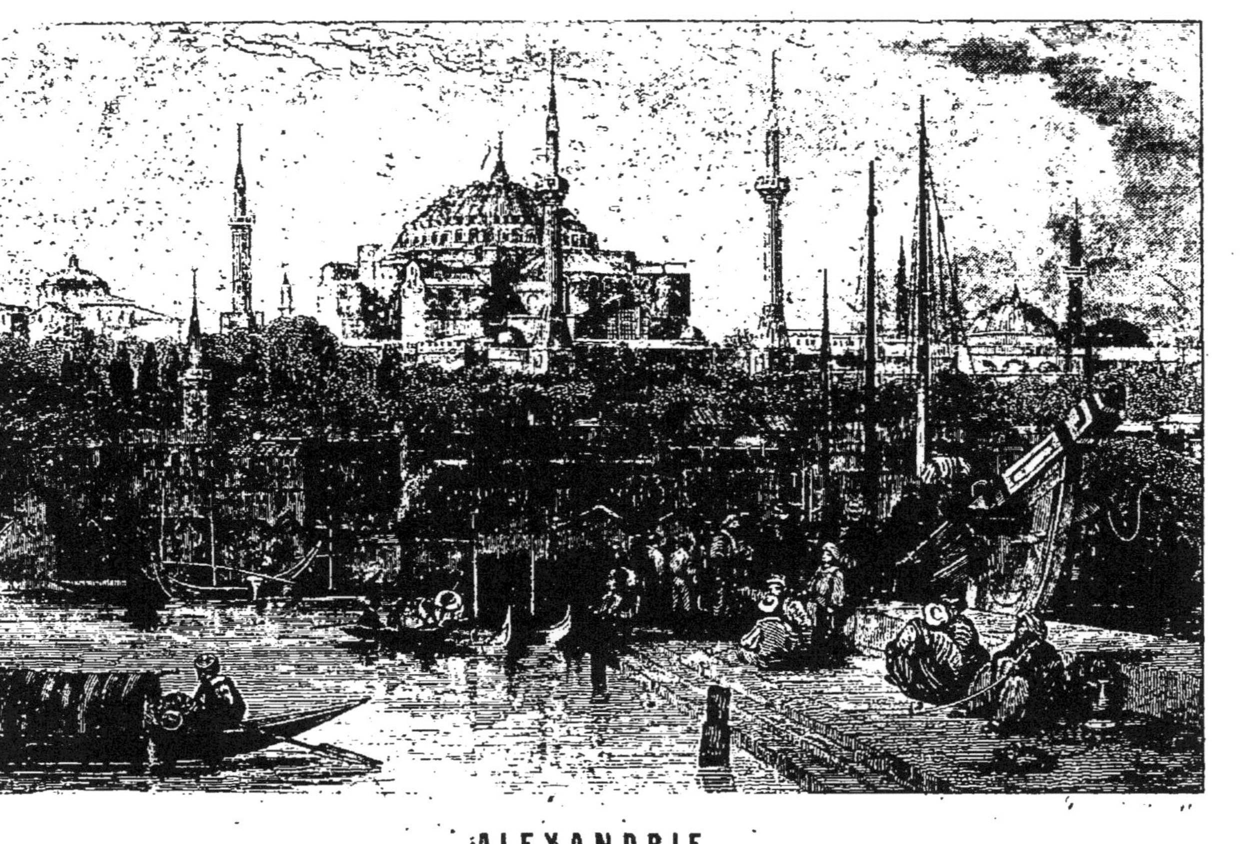

ALEXANDRIE.

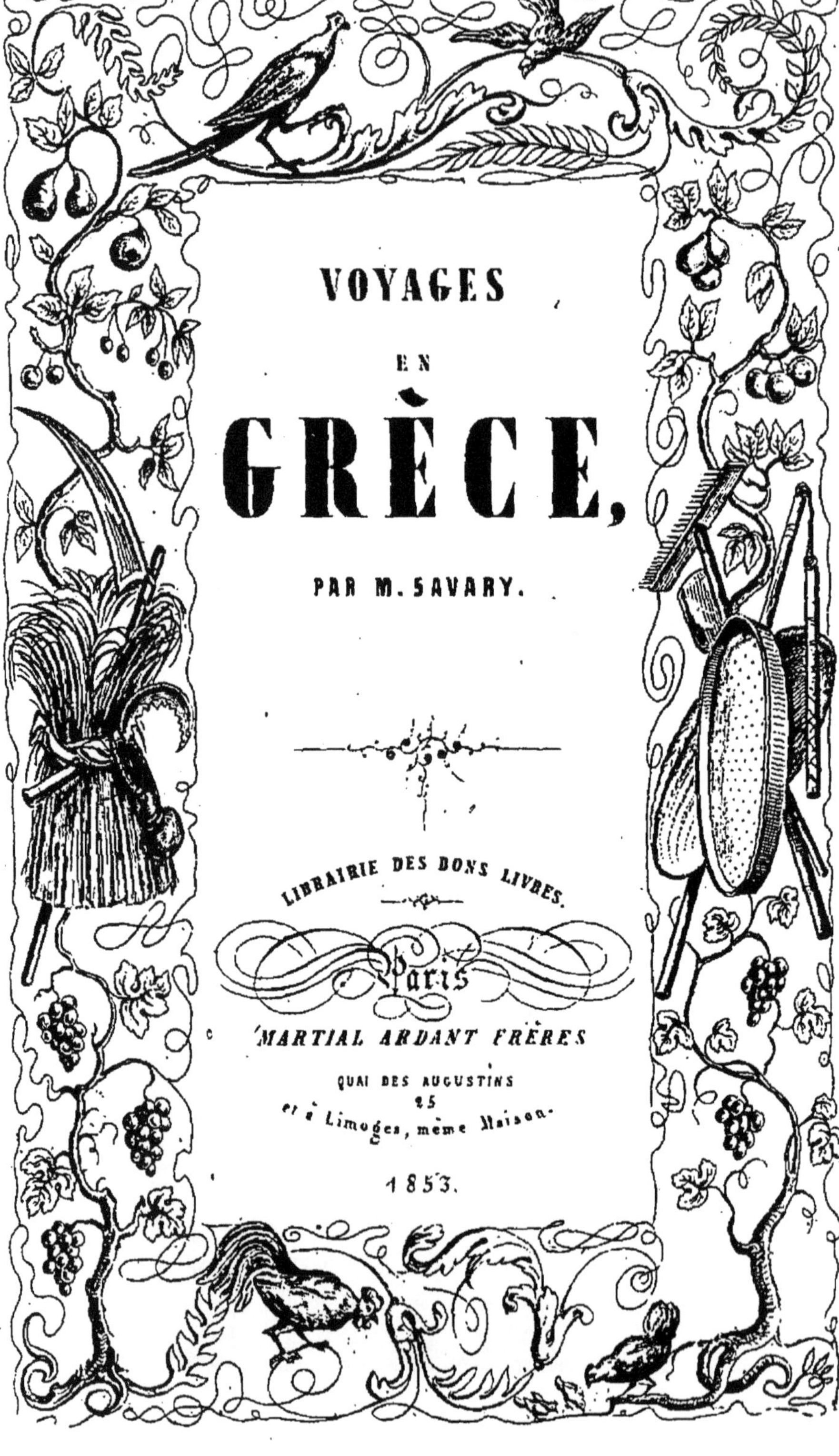

VOYAGES EN GRÈCE,

PAR M. SAVARY.

LIBRAIRIE DES BONS LIVRES.

Paris

MARTIAL ARDANT FRÈRES

QUAI DES AUGUSTINS 25

et à Limoges, même Maison.

1853.

VOYAGES

DANS

LES ILES DE LA GRÈCE

PAR M. SAVARY.

ÉDITION REVUE ET CORRIGÉE

PAR RENÉ D'ISLE.

LIBRAIRIE DES BONS LIVRES.

LIMOGES
Chez Martial Ardant Frères
rue des Taules.

PARIS
Chez Martial Ardant Frères
quai des Augustins, 25.

1853

VOYAGES
EN GRÈCE.

I

Alexandrie, 1779.

A Madame Lemonnier.

Je vous adresse, Madame, la suite de mon voyage d'Egypte. Daignez l'accueillir avec bonté, et la regarder comme l'hommage de la reconnaissance. Elle contient mes observations sur les parties de la Grèce que j'ai visitées pendant près de deux ans. La patrie d'Homère, de Platon, de Socrate, et d'une foule de grands hommes que leurs vertus ou leurs talents ont immortalisés, excitera l'amour et la vénération de tous les âges. Le voyageur sensible, conduit par l'enthousiasme qu'inspirent des lieux qui furent le théâtre de tant d'événements mémorables, ira longtemps encore les visiter.

Hélas ! au lieu d'un peuple savant et belliqueux, il trouvera des esclaves ignorants et sans vigueur ; à la place des cités florissantes, il verra des monceaux de ruines, et des marbres épars, mutilés, là où le génie avait élevé des monuments fameux : mais si la saine raison l'éclaire, si son esprit est exempt de préjugés, si ses pinceaux sont fidèles, il pourra tirer de ce contraste même des tableaux intéressants et des vérités utiles. Vous entrevoyez déjà, Madame, une partie des scènes qui vont s'offrir à vos regards. A la vérité, elles paraissent dans un lointain obscur qui ne permet pas d'en distinguer les effets. Approchons-nous-en de plus près, l'ombre disparaîtra, nous les verrons telles que la nature les présente, et c'est ainsi que je m'efforcerai de les peindre.

II

DÉPART D'ALEXANDRIE AU MOIS DE SEPTEMBRE 1779.

Je vais quitter, Madame, la ville d'Alexandrie, où j'ai passé quatre mois à mon retour du Caire. J'ai employé mes heures de loisir à visiter cette ville, ses ports, ses environs, et à la décrire comme vous l'avez vu dans mon voyage en Egypte. La guerre ayant rempli la Méditerranée de corsaires anglais, nos bâtiments caravaneurs ont désarmé. Il m'a fallu attendre le départ d'un vaisseau neutre, et j'ai fait marché avec un capitaine de Zante pour me transporter à Candie. Le voici qui m'appelle. Il faut partir. Adieu, rivage brûlant d'Egypte ; je laisse avec plaisir sur vos bords le turban, la robe longue et la moustache, ornements nécessaires à tout Européen qui veut vous parcourir. Adieu, superbes monuments qui avez rempli mon âme d'étonnement et d'admiration ; je suis charmé de vous avoir vus. Adieu, jardins toujours verts de Rosette et de Damiette : vos bosquets, vos arbres, sont des bouquets de fleurs ; vos parfums embaument les airs, vos ombrages impénétrables aux feux du soleil conservent une fraîcheur charmante ; on peut y passer des heures délicieuses ; mais la mort marche à côté du téméraire qui ose y pénétrer. C'est ainsi, Madame, que mes pensées erraient encore sur des objets qui m'avaient profondément affecté, tandis que le capitaine zantiote me conduisait à son bord. La barque voguait légèrement sur une mer tranquille, et me laissait plongé dans la rêverie. Tout-à-coup elle heurta contre le navire. La secousse dissipa mon illusion, et je montai sur le tillac.

L'ancre est levée. Un vent favorable enfle nos voiles, et nous éloigne du rivage. Nous avons dépassé le Diamant, écueil situé à la pointe de l'île de Pharos. Pendant le calme, ce rocher montre sa tête menaçante au-dessus des eaux. Lorsque la mer est en fureur elle le couvre entièrement. Il faut le côtoyer pour entrer dans le port ; mais sa position est bien connue, et les marins savent l'éviter.

A la distance où nous sommes d'Alexandrie, cette ville, assise en demi-cercle sur le rivage, se prolonge déjà en perspective. Une partie des maisons, éclairée par le soleil, réfléchit une lumière vive, et s'avance sur le bord de la scène. Les autres, plongées dans l'ombre, paraissent dans l'enfoncement. Au-dessus s'élèvent des minarets dont les flèches légères et hardies se perdent dans les airs. Ce tableau est couronné par la colonne d'Alexandre Sévère, qui domine toute la ville. C'est le premier objet que l'on découvre en approchant de terre ; c'est le dernier que l'on perd de vue en la quittant. Salut à une des plus grandes colonnes que la puissance humaine ait élevées dans l'univers ! Elle atteste aux voyageurs que les arts ont fleuri dans cette contrée, où règnent l'ignorance et la barbarie. Adieu, magnifique monument qui fus tant de fois le but de mes promenades. Je ne pouvais me lasser de contempler le bloc imposant de granit sur lequel tu reposes la majesté de ton fût et la grandeur de ton chapiteau : mais, tandis que je parle, il s'abaisse insensiblement ; il ne forme plus qu'un point noir dans la vapeur blanchâtre de l'horizon. Quoi ! sitôt l'Egypte a disparu à mes regards !

On ne part point sans regret, Madame, d'un pays où l'on a passé plusieurs années de sa jeunesse, où l'on a vu d'antiques merveilles, où l'on a acheté, par beaucoup de fatigues et de périls, quelques instants de bonheur. Une sorte de mélancolie s'empare de l'âme. Plus ses sensations ont été vives, plus elle a de peine à se détacher des lieux qui leur donnèrent naissance. Elle se représente avec vivacité les images des objets qui l'émurent profondément, et à leur aspect elle frémit encore de crainte, de joie, de désir. Cette situation fait souvent verser des larmes; mais elle porte avec elle un charme irrésistible, et on s'efforce de la conserver jusqu'à ce que, fatigué de sentir, on a besoin de reposer sa pensée, en la tournant sur d'autres objets.

Je continuerai, Madame, dans le cours de cet ouvrage, à décrire, avec autant d'exactitude qu'il me sera possible, les lieux que je visiterai, et je n'omettrai point les réflexions qu'ils m'auront fait naître.

III

A bord.

NOUS jouissons, Madame, du plus beau temps du monde. Le ciel est sans nuages, et le vent du sud-est nous pousse directement vers le port où tendent nos désirs. Arrivés en haute mer, nous avons absolument perdu la terre de vue, et, autant que les regards peuvent s'étendre, nous découvrons de toutes parts l'immensité des eaux et la vaste étendue des cieux. Que ce spectacle est imposant! qu'il remplit l'âme de nobles idées! Quoi! c'est l'homme qui a fabriqué cette maison de bois à laquelle il confie sa fortune et sa vie! Tranquille au sein de cet abri fragile, qu'un ver peut percer, qu'un choc fait voler en éclats, il ose braver les fureurs de l'Océan ! Mais admirez les ressources de son génie. Il commande aux vents, les enchaîne dans la toile, et les force de conduire à son gré sa prison flottante. Voyageant d'un bout à l'autre de l'univers sur d'immenses plaines, sans signaux pour le guider, il lit sa route dans le ciel. Une aiguille tournée vers le pôle et la vue des astres lui disent en quel endroit du globe il se trouve. Des lignes et des points que l'observation a tracés sur le papier lui marquent les îles, les côtes, les écueils, et son adresse sait les éviter. Qu'il tremble malgré sa science ! le feu des nuages s'allume sur sa tête et peut embraser sa demeure ; des gouffres sont ouverts sous ses pas, et il n'y a entre eux et lui que l'épaisseur d'une planche. A voir son assurance, ne dirait-on pas que cet être faible se croit immortel ? Cependant il doit mourir..... il doit mourir, mais pour revivre à jamais !

IV

A bord.

J'AI devancé, Madame, le crépuscule pour contempler à loisir le lever du soleil. Ce spectacle, en pleine mer, est le plus ravissant que la nature offre aux regards de l'homme. Je vais tâcher de le peindre, sinon avec toute la pompe qu'il exige, du moins avec le plus de vérité qu'il me sera possible.

Le temps est serein, l'air calme, la fraîcheur charmante. Un souffle léger, mais favorable, nous fait voguer doucement. Rien ne trouble le silence profond qui règne sur les eaux. Il s'étend du couchant à l'aurore.

Quelques étoiles qui brillent encore au firmament vont bientôt disparaître. Déjà les premiers rayons du jour percent à travers la vapeur bleuâtre de l'horizon. La nuit retirée vers l'occident rassemble ses ombres fugitives. L'Orient se colore par degrés. Il lance à travers le vague des airs des faisceaux de lumière qui tracent des bandes de pourpre sur la voûte azurée. Chaque instant varie la scène. Les objets s'éclairent davantage. Les teintes des couleurs deviennent plus vives. Mais quel spectacle étonne mes regards! Mille gerbes d'or, parties d'un centre commun, se divisent dans les airs. Tout l'orient est en feu. Le soleil va paraître. J'aperçois à l'horizon son disque radieux. On dirait qu'il sort du sein de l'onde. Il a semblé poser un instant sur la surface liquide comme sur un trône. Quels torrents de flammes jaillissent de son sein! les yeux en sont éblouis. Comme il s'élève majestueusement au-dessus des eaux, qui multiplient à l'infini son image! Le voilà ce brillant flambeau qui remplit l'univers de sa clarté! Sa présence ranime les êtres sensibles, et porte la joie dans les cœurs. Salut au plus bel astre de la création! Gloire à la main qui lui traça sa route dans les cieux!

V

CINQ jours se sont écoulés, Madame, depuis notre départ d'Alexandrie, et nous avons toujours eu le vent en poupe. S'il eût soufflé avec un peu de force, nous serions près d'arriver à Candie; mais il a toujours été si faible que nous avons à peine fait la moitié de notre route. Je n'ai jamais vu la mer plus tranquille; nous voguons sans roulis, sans secousses, comme si nous descendions le courant d'une rivière. Cette manière d'aller est fort agréable. Assis sous une tente qui met à l'abri des feux du soleil, rafraîchis par les zéphirs qui se jouent dans les cordages, nous avançons presque sans nous en apercevoir. Malgré la lenteur de notre marche, si le même vent continue encore toute la nuit, demain nous serons à la vue de Rhodes, et de là jusqu'à Crète le trajet n'est pas long.

Jusqu'à cinq heures du soir nous avons joui d'un temps superbe. Mais peu à peu l'occident s'est rembruni. Des vapeurs d'abord légères se sont étendues, amoncelées, épaissies. Elles forment une zone de nuages ténébreux qui, semblables à des montagnes, nous dérobent les derniers rayons du soleil couchant. Est-ce un présage de la tempête? Nos marins l'appréhendent. Nous verrons.

VI

A bord.

Nos craintes n'étaient pas sans fondement, Madame; le vent est changé. Ce n'est plus le zéphir oriental qui nous conduit. Un torrent d'air débordé du couchant l'a repoussé vers les contrées brûlantes de l'Asie, et s'oppose comme une barrière à notre passage. Nous luttons vainement contre sa violence. Les bordées sont désavantageuses, et nous reculons au lieu d'avancer. Des nuages épais nous dérobent la vue du soleil. La mer sombre couvre ses flots d'écume. Des vagues mugissantes battent les flancs du navire. Les vents sifflent horriblement dans les cordages. La toile trop tendue brise ses attaches qui rompent avec éclat. Les mâts agités par un roulis violent font craquer toutes les parties du bâtiment. Il semble à chaque instant qu'il aille se dissoudre.

Tous les matelots sont en mouvement. Le capitaine leur donne des ordres en criant. Le plus expérimenté tient le gouvernail. D'autres tirent des câbles. Ceux-ci, perchés sur le bout d'une vergue, plient une voile, et, balancés par le roulis du vaisseau, décrivent des arcs de cercle dans les airs, ils se cramponnent avec les pieds sur une corde, et travaillent des mains, au risque d'être emportés à tout moment dans la mer.

Depuis sept jours, Madame, nous n'avons cessé de louvoyer, mais inutilement. Nous sommes jetés en arrière ; et, si cela continue, nous aborderons en Chypre ou sur la côte de Syrie. Ce contre-temps m'a appris que notre navire était mauvais voilier, et l'équipage qui le monte fort ignorant. Il n'est composé que de Grecs qui entendent mal la manœuvre, et l'exécutent avec lenteur. Jamais ils n'ont pu virer vent devant, de manière qu'à chaque fois qu'ils changent les amures nous perdons plus que nous n'avions gagné dans la bordée. Le capitaine n'est guère plus instruit. Il n'a pas une seule fois pris hauteur. On ne trouve à son bord ni octant, ni quart de cercle, parce qu'il ne connaît pas l'usage de ces instruments. La carte marine lui est étrangère. Il ne mesure point la marche du vaisseau avec le loch. Enfin c'est un vrai patron de barque, qui se conduit à l'estime, le jour suivant le cours du soleil, la nuit à la clarté des étoiles. Quand le ciel est embrumé, il se dirige, comme il peut, avec la boussole, dont il ignore même la déclinaison. Ne serait-ce point un des pilotes des anciens Grecs ? Je suis tenté de croire qu'il était au siége de Troie, que quelqu'un des dieux de la fable l'a rendu à la vie pour nous faire trouver vraisemblables les éternels voyages des héros d'Homère. Quoi qu'il en soit, je crains bien que nous n'arrivions pas de sitôt à Candie.

Le parti en est pris. Nous renonçons pour un temps à l'île de Crète. Lassé de lutter inutilement contre la fortune contraire, mon zantiote vient de tourner la proue vers l'Asie-Mineure. Nous allons, dit-il, chercher un abri dans quelque port, et, lorsque le temps sera favorable, nous recommencerons notre route. Il ignore en quel lieu nous allons aborder ; mais lorsqu'il aura gagné la terre il fera tous ses efforts pour ne la plus perdre de vue. C'est ainsi que les Grecs naviguent. Pour moi, je commence à me repentir de m'être embarqué avec un tel guide. Le sort en est jeté. Il faudra le subir.

VII

POINT de changement, Madame, à notre sort. Le vent souffle constamment de l'ouest. Il a chassé les nuages vers les sommets glacés du Liban. Le ciel s'est éclairci, et nous continuons de courir sur la terre que les vigies ont annoncée du haut des mâts. L'on n'aperçoit encore de dessus le pont que l'apparence d'un nuage immobile. A mesure que nous avançons, il grossit et s'étend. Actuellement nous sommes certains que c'est le continent. Cette assurance a porté la joie dans tous les cœurs. Mais l'inquiétude y mêle un peu d'amertume. Le capitaine, n'ayant point pris hauteur, ignore notre latitude, et ne peut dire en quel lieu nous allons aborder. En attendant nous marchons toujours en avant.

Insensiblement les objets s'éclairent davantage. Nous distinguons les montagnes, les collines, et un promontoire qui s'avance dans la mer. Il présente un front nu couvert de roches énormes. Nos marins l'ont reconnu. Ils disent que la terre élevée qui paraît dans l'enfoncement est l'île de Château-Rouge. Ils prétendent y mouiller avant la nuit, et portent dessus à pleines voiles.

Nous approchons de la côte. Le rivage semble dépouillé de verdure. A la vérité le soleil se couche derrière les hautes montagnes, et n'éclaire plus que leurs sommets. L'ombre descend rapidement dans les vallées, et l'œil n'aperçoit les objets qu'à travers un voile. Grâces au ciel, nous entrons dans le port de Château-Rouge. Nous allons jeter l'ancre au pied du rocher sur lequel cette bourgade est bâtie.

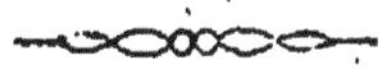

VIII

DEPUIS trois jours, Madame, nous sommes mouillés dans le port de Château-Rouge.

Cette île est située dans la partie occidentale d'un golfe demi-circulaire formé par la côte de Caramanie, autrefois la Lycie. Elle n'a pas une demi-lieue de circuit, et n'est séparée du continent que par un canal étroit. Ses rivages sont inabordables, excepté du côté du port, où se trouve la bourgade composée d'une centaine de maisons. Elle est bâtie sur un rocher à la pointe duquel on voit un petit fort turc qui sert d'épouvantail aux corsaires. L'espace qu'elle occupe est extrêmement resserré, et par la mer, et par une montagne fort rude, qui s'élève à plus de trois cents pieds. Ce mont, taillé à pic, présente comme une muraille dont les quartiers de rocher semblent prêts à fondre sur les maisons, et à les abîmer dans les flots. Je l'ai gravi avec peine, et j'ai vu sur le sommet une plaine d'un demi-quart de lieue de tour, sans culture, et simplement couverte d'herbes à moitié brûlées. Au milieu est une petite chapelle bien pauvre et bien solitaire.

De cette hauteur on découvre la Méditerranée au nord et au midi; les hauts sommets du Taurus bornent le reste de l'horizon. Lorsque l'on est descendu dans le bourg, on se trouve comme au fond d'un entonnoir. On est environné de côtes escarpées qui se perdent dans les nues, et dérobent la vue du ciel. Elles forment une ceinture de rochers nus, taillés à pic, et suspendus sur des abîmes. Ces pierres, échauffées par le soleil, réfléchissent une lumière vive qui blesse les yeux. Jamais la verdure n'embellit ces tristes rivages. On y distingue seulement quelques plantes bulbeuses, et des arbrisseaux épineux qui se plaisent sur le bord des précipices. Tel est le spectacle que les habitants de Château-Rouge ont sans cesse devant les yeux. Il présente l'image d'une éternelle stérilité. Je crois que dans le monde entier on ne trouverait pas un séjour plus affreux.

Vous jugez, Madame, combien les Grecs qui l'habitent doivent être misérables. Ils ne peuvent ni semer ni moissonner. L'île ne produit point de légumes, point de fruits, point de grains. Leurs plantations se bornent à environ cinquante pieds d'olivier. Ils ont pour tout bétail des chèvres qui, grimpant sur la cime des rochers, y cherchent leur nourriture. Pour comble de misère, l'île n'a qu'une seule source située presque au sommet de la colline. Ce sont les femmes qui vont puiser l'eau à la fontaine. Je les ai vues gravir avec peine un sentier escarpé, porter sur leurs épaules de grosses cruches, et revenir chargées au risque de se précipiter avec leur fardeau. On ne doit pas envier une pareille habitation. Aussi la plus belle maison ne s'y loue que douze francs par an, et la jeune épouse qui reçoit en dot un pied d'olivier et une chèvre y passe pour riche.

La fortune a semblé vouloir dédommager les habitants de Château-Rouge en leur donnant des voisins indolents. Lorsque le temps des récoltes est venu, ils passent en Caramanie, et font la moisson pour les Turcs. Ils en rapportent du blé, du vin, et diverses provisions. Leur position les rend marins. Ils naviguent les trois quarts de l'année, et reviennent l'hiver consommer, dans le sein de leurs familles, le fruit de leurs épargnes. La plupart font le commerce de bois qu'ils achetent à bon compte et qu'ils vendent très cher à Alexandrie. Ils se servent pour cela de bateaux pontés qui ne portent pas beaucoup de charge, mais qui vont très vite et demandent peu d'entretien. La pêche fournit aussi en partie à leurs besoins. Tels sont les moyens qu'ils emploient pour subsister.

Le croiriez-vous, Madame? dans ce lieu qui paraît le rebut de la nature, j'ai trouvé un Provençal établi. Il s'est lié d'intérêt avec un Grec. Ils habitent la même maison, et possèdent une barque en commun. Le premier ayant formé des liaisons avec les Ottomans, achète en Caramanie des bois de chauffage et de construction, et l'autre va les vendre en Egypte, où il prend en retour des denrées utiles à son pays. Ils paraissent dans une sorte d'aisance, et vivent en bonne intelligence. Le Français se regarde comme l'agent de sa nation, et rend à ses compatriotes tous les services qui dépendent de lui. En revanche, il en reçoit quelques légers présents. Je ne puis que me louer de son honnêteté. Il a tué en notre honneur un mouton, peut-être le seul qui soit dans l'île, et nous a régalés de son mieux avec d'excellent muscat cueilli sur le continent. Tout chez lui se pratique à l'orientale. Nous avons mangé par terre, assis autour des plats posés sur le tapis. Ensuite on a bu à la ronde dans une large coupe, l'unique sans doute que possèdent les deux associés. Le café est venu après, puis la pipe, et il a fallu fumer longuement.

IX

A Château-Rouge.

TANDIS que nous sommes à Château-Rouge, Madame, allons visiter de beaux restes d'antiquités situés à peu de distance. J'ignore s'ils sont connus;

du moins je n'en ai lu la description dans aucun auteur.

En partant du port de Château-Rouge, et en voguant pendant une demi-heure vers l'orient, on arrive dans une anse que la côte d'Asie forme en se retirant. C'est la partie la plus large du golfe. Elle a près d'une lieue d'étendue. On y trouve un port commode où les vaisseaux sont à l'abri de la tempête. Le premier objet qui frappe les regards, en approchant de terre, est un vaste amphithéâtre construit de belles pierres, et de forme circulaire. Il a environ soixante-dix pieds de hauteur et quatre-vingts gradins élevés les uns au-dessus des autres. Au cinquième rang, en commençant à compter d'en haut, on remarque à chacune des extrémités du demi-cercle une place entourée d'une balustrade. Sans doute que c'étaient des postes d'honneur destinés aux principaux personnages du pays. Cet immense amphithéâtre pouvait contenir les habitants d'une grande ville, et servir aux spectacles qui se donnaient sur la terre, et peut-être sur les eaux. Sa construction est d'une solidité à l'épreuve du temps; du moins jusqu'à présent il n'a point souffert de ses injures; l'arène seule a été dégradée par la mer qui paraît avoir gagné sur le terrain. Au-delà de ce grand monument la terre est couverte de ruines. Les plus remarquables sont disposées autour d'une vaste place. On y distingue surtout les superbes restes d'un bâtiment spacieux. De grosses colonnes renversées, d'autres debout, des murs épais à moitié démolis, des chapiteaux bien sculptés, des morceaux de corniches, annoncent les débris d'un temple, car les anciens faisaient éclater toute leur magnificence dans les édifices consacrés à leurs dieux. Au pied des roches qui qui entouraient la ville on admire des tombeaux parfaitement bien conservés : quelques-uns sont entourés de colonnes qui soutiennent un dôme solidement construit ; d'autres ne présentent que de simples sarcophages creusés dans la pierre. Plusieurs, composés d'une chambre sépulcrale taillée dans le roc, sont précédés de gradins, par où l'on monte à un péristyle soutenu par des colonnes. La cupidité, qui foule aux pieds les lois les plus sacrées, a violé ces asiles respectables des morts, en arrachant la pierre qui en fermait l'entrée.

Tel est, Madame, l'état déplorable de cette antique cité autrefois florissante. Son port dépourvu de vaisseaux, ce magnifique amphithéâtre sans spectateurs, ces ruines amoncelées, ces tombeaux mêmes dépouillés des corps qu'ils conservaient, inspirent de tristes réflexions aux curieux qui les contemplent. Est-ce la fureur d'un conquérant qui a renversé cette ville ? A-t-elle succombé sous les ravages du temps ? L'homme et les éléments ont-ils conjuré sa ruine ?

Je serais porté à croire que les épouvantables tremblements de terre arrivés sous les monarques du Bas-Empire ont abîmé la partie basse de cette ville. Les débris que l'on trouve sur le bord du rivage et jusque dans les eaux semblent l'attester. Une autre preuve, c'est que, dans les villes maritimes, ainsi qu'on le voit à Telmissus, sur la même côte, les amphithéâtres étaient assez éloignés de la mer, et sur un terrain assez élevé pour qu'elle ne pût y pénétrer. Aujourd'hui, lorsque les flots sont agités, ils entrent dans celui que je viens de décrire, battent les murailles, et bouleversent l'arène. Enfin la tradition du pays porte que la moitié de cette ville a été engloutie dans un tremblement de terre. Je n'en ai pu savoir l'époque, mais le fait paraît certain.

Le spectacle d'une ville détruite, Madame, attriste l'âme, mais il excite encore plus la curiosité. On désire connaître son ancien nom, et ce qu'elle fut autrefois. Efforçons-nous de le découvrir. Strabon, géographe exact, nous mettra sur la voie. Après avoir décrit la partie occidentale de la Lycie, il ajoute :

« En remontant le fleuve Xanthus l'espace de » dix stades, on trouve un temple de Latone, et » soixante stades au-dessus la ville de Xanthus, une » des plus grandes de la Lycie. Patare vient après. » C'est aussi une ville considérable. Elle a un port » et plusieurs temples. Patare en fut le fondateur. » Ptolémée Philadelphe l'ayant agrandie, la nomma » Arsinoé de Lycie, en l'honneur de son épouse. » Plus loin, la ville de Myra est bâtie sur une » colline élevée, à vingt stades de la mer. Suivent » les embouchures du fleuve Limyrus, et la ville de » Limyra éloignée d'une lieue du rivage. »

Voyons la description des mêmes lieux par Pomponius Méla. Cet auteur commence d'orient en occident.

« Après le promontoire que forme le mont

» Taurus, on trouve le fleuve Limyra avec une » ville de même nom. Ce district contenait plu- » sieurs villes qui, excepté Patare, sont peu con- » sidérables. Cette dernière est fameuse par son » temple d'Apollon, qui jouit autrefois d'autant de » célébrité que celui de Delphes, à cause de ses » richesses et de la confiance qu'inspiraient ses » oracles. Au-delà est le fleuve Xanthus avec une » ville de même nom. »

Ces deux géographes, comme vous le voyez, Madame, placent Patare entre les embouchures du Xanthus et du Limyrus. Ils ne marquent dans cet espace aucune autre ville avec un port; il paraît donc que les ruines dont nous parlons sont celles de Patare, puisqu'elle se trouve entre ces deux rivières, et qu'elle a un port.

L'histoire peut ajouter un nouveau degré de certitude à ce sentiment. Tite-Live décrit ainsi une expédition entreprise par les Romains contre Patare : « C. Livius, arrivé à Rhodes, déclara aux » citoyens le sujet de sa mission. Ayant réuni tous » les suffrages, il joignit trois quadrirèmes à sa » flotte, et fit voile vers Patare. D'abord un vent » favorable les y portait avec vitesse. Les Romains » espéraient que la terreur d'une apparition subite » favoriserait leur dessein. Bientôt le vent changea, » la mer devint orageuse; cependant, à force de » rames, ils parvinrent à gagner la terre; mais les » environs de la ville ne leur offraient aucun abri, » et la violence des flots les empêchait de se main- » tenir devant le port ennemi, surtout aux approches » de la nuit. Ils passèrent outre et gagnèrent le

» port de Phœnicunte, éloigné de Patare tout au » plus de deux mille pas (1). »

Le port de Phœnicunte ne peut être que celui de Château-Rouge. La distance de deux mille pas de cette île aux ruines que j'ai décrites est la même que l'historien romain marque de Patare à Phœnicunte. D'ailleurs l'étendue du golfe n'offre absolument que ces deux ports. Ajoutez à cela qu'Etienne de Byzance place sur la côte de Lycie une île appelée Phœnice ; c'est de là que Tite-Live aura tiré le nom de Phœnicunte.

Je crois, Madame, que ces témoignages réunis donnent à la vérité le degré d'évidence qu'elle doit avoir. D'Anville, dans sa carte ancienne de l'Asie, ne me paraît pas avoir parfaitement connu la position de Patare. Il la place un peu trop à l'occident. Il a aussi négligé l'île de Château-Rouge ; mais c'est probablement à cause de sa petitesse, et du peu d'étendue qu'il donne aux côtes.

Cette ville eut pour fondateur Patare, fils d'Apollon ; ainsi il n'est pas surprenant que les habitants aient élevé à ce dieu le temple fameux dont parle Pomponius Méla, et dont on peut encore reconnaître les débris. Apollon y rendait des oracles pendant six mois de l'année, et pendant les six autres à Délos.

Souffrez, Madame, qu'avant de finir cette lettre je vous offre un tableau rapide de l'ancienne Lycie et de ses habitants, peint d'après Strabon. La

(1) Deux mille pas romains font à peu près trois quarts de lieue.

Lycie forma autrefois une république florissante. Elle était composée de trente-trois villes qui toutes avaient droit de voter dans les assemblées nationales. Les plus grandes donnaient trois suffrages (Patare était de ce nombre), les médiocres deux, et les plus petites un. C'était là que le peuple assemblé élisait ses magistrats, et un *Lyciarque* ou chef de la Lycie. L'équité y réglait les impositions, et distribuait avec égalité les charges publiques. Ce gouvernement sage entretint les mœurs parmi les Lyciens. Malgré l'exemple de leurs voisins, ils ne se livrèrent point à la piraterie, et ne se permirent jamais de trafic honteux. La victoire ne put les corrompre. Après d'heureux succès qui les rendirent maîtres des mers, depuis l'Asie-Mineure jusqu'en Italie, ils conservèrent leur modération et la simplicité de leurs usages antiques. Lorsque les Romains, aux armes desquels rien ne pouvait résister, eurent conquis ces contrées, ils furent frappés de la sagesse de cette république et la laissèrent jouir de sa liberté sage et de ses lois. Le seul droit qu'ils lui ôtèrent fut de décider de la paix ou de la guerre dans ses assemblées nationales sans la participation de Rome.

Que ne peuvent point une sage liberté, les mœurs, et un bon gouvernement, pour le bonheur des hommes (1) ! La Lycie, qui posséda autrefois ces

(1) Voici ce que disait M. de Chateaubriand, dans son *Itinéraire*, à propos de l'état de la Grèce :

« Il s'agit de savoir si Sparte et Athènes renaîtront, ou si elles resteront à jamais ensevelies dans la poussière. Malheur au siècle témoin passif d'une lutte héroïque qui avantages précieux, devint heureuse et puissante. Sa marine domina sur une grande partie de la Méditerranée. Les ruines de Patare nous apprennent que les arts y fleurirent. Trente-trois villes

croirait qu'on peut sans péril comme sans pénétration de l'avenir laisser immoler une nation ! Cette faute, ou plutôt ce crime, serait tôt ou tard suivi du plus terrible châtiment.

» Il n'est pas vrai que le droit politique soit toujours séparé du droit naturel : il y a des crimes qui en troublant l'ordre moral troublent l'ordre social, et motivent l'intervention politique. Quand l'Angleterre prit les armes contre la France, en 1793, quelle raison donna-t-elle de sa détermination ? Elle déclara qu'elle ne pouvait plus être en paix avec un pays où la propriété était violée, où les citoyens étaient bannis, où les prêtres étaient proscrits, où toutes les lois qui protégent la justice et l'humanité étaient abolies. Et l'on soutiendrait aujourd'hui qu'il n'y a ni massacre, ni exil, ni spoliation en Grèce ! on prétendrait qu'il est permis d'assister paisiblement à l'égorgement de quelques millions de chrétiens !

. . . .

» Chose déplorable ! j'ai cru peindre la désolation en peignant les ruines d'Argos, de Mycènes, de Lacédémone ; et si l'on compare mes récits à ceux qui nous viennent aujourd'hui de la Morée, il semble que j'aie voyagé en Grèce au temps de sa prospérité et de sa grandeur.

. . . .

» J'ai offert dans ma *note* un moyen simple et facile d'émanciper les Grecs, et j'ai plaidé leur cause auprès des souverains de l'Europe ; par l'*amendement* je me suis adressé au premier corps politique de la France, et ce noble tribunal a prononcé une magnanime sentence en faveur de mes illustres clients. La *note* présente la Grèce telle que les barbares la font aujourd'hui ; l'*Itinéraire*, telle que les barbares l'avaient faite autrefois. »

(Introd. de l'*Itinéraire*.)

dans une petite province annoncent quelle fût sa population. Aujourd'hui quelle différence! le despotisme turc, semblable à un feu dévorant, a passé sur cette riche contrée, et les villes se sont changées en misérables bourgades, les habitants ont disparu, et la terre a fermé son sein fécond (1).

X

A bord.

NOUS avons levé l'ancre, Madame, dès la pointe du jour. Le vent fixé au nord-est nous promet une heureuse traversée, au moins jusqu'à Rhodes.

Nous avons débouqué le canal étroit qui sépare l'île du continent. Nous côtoyons le rivage à la distance de deux lieues. Notre capitaine ne veut plus se risquer en pleine mer. Il aime la vue de la terre. Cette navigation serait plus amusante si la côte nous offrait des habitations, des forêts, des riants paysages. Mais elle est déserte; on n'y découvre pas une seule bourgade; le soleil a brûlé

(1) Le vœu de M. Savary a été exaucé. La Grèce ne gémit plus sous le despotisme ottoman. Elle forme un gouvernement indépendant, et a pour roi Othon Ier, prince de la famille régnante de Bavière, dont l'élection, proposée par la France, l'Angleterre et la Russie, fut confirmée au congrès national assemblé à Nauplie, le 8 août 1832.

le peu de verdure qu'elle produit au printemps, et l'œil n'aperçoit que des rocs entassés contre lesquels les flots vont se briser avec fracas. Dans le lointain, les hauts sommets des montagnes terminent l'horizon. Dépouillés de leurs pins antiques, ils paraissent sans ornement. Les ombrages, les bosquets Lyciens, chéris autrefois d'Apollon Pataréen, ont disparu de la terre. N'en soyez point étonnée, Madame; les Turcs abattent sans cesse les bois de ces contrées pour les vendre aux étrangers ou pour leur usage, et n'y plantent jamais un seul arbre.

Toutes nos voiles sont dehors. Le vaisseau fend avec vitesse le sein des ondes qui blanchissent sa proue. Nous désirons ardemment arriver à Rhodes, pour y prendre des rafraîchissements. Le capitaine, accoutumé à vivre, comme son équipage, de fromage, de poisson salé, de figues sèches, et d'une espèce de biscuit extrêmement dur, que l'on fait en Egypte, n'avait pris des provisions fraîches que pour dix ou douze jours. En voilà dix-sept que nous sommes en mer. L'ancienne Phœnice n'a pu rien nous fournir, et nous commençons à sentir la famine, comme si nous venions de faire le tour du monde. Il ne nous reste plus qu'un peu d'eau et de pain noir aussi dur que la pierre; mais la vue de Rhodes, dont nous découvrons les montagnes, nous console. Si le vent ne change pas, nous y serons mouillés demain matin, et là nous trouverons de quoi satisfaire nos besoins pressants.

Quel nouveau spectacle s'offre à nos regards! Quelle multitude innombrable de cygnes et de grues naviguent sur les eaux! Ils sont rangés par files comme des soldats en ordre de bataille. Chacune de ces files a plus d'un quart de lieue de long, et nous en avons compté trente voguant parallèlement. Le tête de cette armée se termine en pointe et forme comme la proue d'un vaisseau. Tous gardent leurs postes malgré le mouvement des vagues qui les élèvent et les abaissent tour à tour. Ils en suivent l'impulsion, et paraissent balancés sur le dos de la plaine liquide ; leur plumage, d'une blancheur éblouissante, contraste admirablement avec le vert transparent des eaux. Plus loin voici encore une nouvelle troupe semblablement disposée ; tous ont la tête tournée vers l'Afrique, où ils voguent de concert.

Ces oiseaux, chassés par les neiges et les glaces du nord, descendent, aux approches de l'hiver, dans des climats plus doux. Ils gagnent d'abord la mer Noire, où ils trouvent de la nourriture. Lorsque le froid commence à s'y faire sentir, ils partent avec le vent de nord, traversent l'Asie-Mineure, et viennent se reposer sur les bords de la Méditerranée. Ils la passent ensuite tantôt en nageant, tantôt en volant. C'est ainsi qu'ils gagnent les rivages d'Afrique, et surtout de l'Egypte, où les grands lacs de Menzalé et de Bourlos leur fournissent une pâture abondante. Ils y demeurent tout l'hiver ; mais les cicognes, qui apparemment aiment une température plus chaude, quittent ces lacs au mois de novembre, remontent vers le Saïd, et s'établissent sur le Mœris et le canal de Joseph. Elles purgent cette contrée des grenouilles innombrables, des insectes et des reptiles qui vivent dans les marais. Telle est la marche que suivent ces oiseaux. Mais j'entends des cris multipliés. Les chefs ont donné le signal.. Voilà ces navigateurs ailés qui s'élèvent dans les airs et qui volent ensemble du côté du midi. Pour fendre avec plus de facilité cet autre élément, ils s'ordonnent en triangle, et l'angle le plus aigu forme la tête de l'armée. Quelle sagesse dans les actions des êtres dépourvus de raisonnement! Ils ne contrarient point les vues de Dieu, et jouissent sans trouble de la portion de bonheur qu'il leur a assignée.

L'île de Rhodes se découvre à plein devant nous. Elle présente des collines formées en amphithéâtre, et terminées par une haute montagne. Nous allons au plus près, et forçons de voiles pour gagner le port. Mais nous ne l'atteindrons pas avant la nuit. Déjà le soleil s'abaisse derrière les montagnes. Elles nous ont dérobé son globe radieux qui se peint encore dans les nuages. Comme il borde leurs contours d'or et de pourpre! que leurs couleurs sont éclatantes!. Quelques-uns, concentrant dans leur sein des milliers de rayons, les réfléchissent de ce foyer ardent, et paraissent des globes de feu qui voyagent dans les airs. D'autres, dont la partie basse est privée de lumière, ressemblent à des montagnes ténébreuses diversement figurées, et lancent de leurs pointes lumineuses ou les éclairs du rubis, ou les feux de la topaze. Celui-ci, entr'ouvrant son sein, dont les bords sont vivement colorés, laisse voir l'azur du ciel enchâssé dans l'or; ceux-là, formés en bandes satinées, sont légèrement liserés d'une bordure aurore. Que ce spectacle est merveilleux! Qu'il donne une idée sublime du Créateur, de celui qui dit : *Que la lumière se fasse, et la lumière se fit.* La nuit vient d'abaisser un voile noir devant ces tableaux magnifiques, et les regards restent encore attachés vers les cieux, et l'âme reste encore profondément pénétrée de reconnaissance pour Dieu. Elle dit intérieurement : Qu'ils sont grands les ouvrages du Créateur, et que l'homme est faible dans ses conceptions!

XI

Nous nous flattions, Madame, d'entrer hier dans le port de Rhodes; c'était trop compter sur la constance du vent. Il changea tout-à-coup pendant la nuit, et nous força de courir des bordées devant l'île. Nous en avons été fort proches. Quelques bosquets d'une verdure charmante nous offraient des ombrages contre l'ardeur du soleil. La ville, dont nous découvrions les tours élevées, nous promettait les provisions dont nous avions besoin. Tout irritait nos désirs; mais, semblables à Tantale, nous ne pûmes satisfaire que nos regards. Le vent d'ouest qui nous a tant contrariés vient encore de tromper notre espérance. Après avoir louvoyé pendant un jour et une nuit, le capitaine, qui ne s'opiniâtre point contre la fortune, a tourné une seconde fois la proue vers la côte d'Asie, et est venu se réfugier dans le golfe de Macri, où nous avons jeté l'ancre ce matin.

Le golfe de Macri, autrefois nommé Glaucus, s'avance environ deux lieues dans les terres. Il se prolonge entre deux côtes fort élevées qui le bornent au levant et au couchant, se rétrécit peu à peu, et aboutit à une jolie vallée à l'entrée de laquelle se trouve un petit village habité par des Grecs. Nous nous sommes hâtés d'y descendre, afin de nous procurer des rafraîchissements. Malheureusement une caravelle turque, qui mouillait dans le port, avait tout enlevé. Nous n'avons pas trouvé un seul morceau de pain. On a promis d'en cuire, et nous espérons déjeuner ce soir de grand appétit. En attendant, je suis allé visiter la vallée et ses restes d'antiquités. Tandis que je suivais les détours d'un ruisseau qui l'arrose, et qui porta autrefois le nom de fleuve Glaucus, j'ai aperçu sur ses bords un figuier fort grand et couvert de fruits. Plusieurs ceps de vigne plantés au pied l'embrassaient étroitement, et mêlaient à son feuillage des pampres verts à travers lesquels on distinguait des grappes couleur de pourpre, et des figues qui commençaient à jaunir. Combien ce bel arbre a charmé mes regards! Que j'ai béni le destin qui avait dirigé mes pas vers cet endroit! Vite je me suis élancé sur ses branches. Que les figues et les raisins sont un excellent régal quand pendant vingt-quatre heures on a eu pour nourriture un peu de pain noir, dur comme la pierre, et de l'eau-de-vie pour se désaltérer! Jamais je n'ai fait un aussi bon repas. Les fruits étaient délicieux. Je ne pouvais m'en rassasier. Lorsque la faim a été calmée, je me suis souvenu du ruisseau qui baignait le pied de mon bienfaiteur, et je me suis désaltéré avec délices. Son eau pure et limpide m'a semblé préférable aux vins les plus exquis.

Telmissus était bâtie au pied de la colline qui borne la vallée à l'orient. Les anciens, d'accord sur la situation de cette ville, la font dépendre, les uns de la Carie, les autres de la Lycie, sans doute parce qu'elle était limitrophe de ces deux provinces. Il me semble que l'on peut s'en rapporter au sentiment de Strabon, dont l'exactitude est reconnue.

« Au-delà du mont Dédale, qui appartient à la » Lycie, on trouve dans la même province la petite » ville de Telmissus, avec un promontoire de » même nom, où la nature a formé un port....... » Vient ensuite le mont Cragus remarquable par ses » huit sommets. Il a donné naissance à la fable de » la Chimère. Au pied de cette montagne, on voit » une colline qui s'élève brusquement de la mer, et » qui s'appelle encore Chimère. » Cette colline, suivant Pline, vomissait des flammes pendant la nuit. Voilà l'origine de cette fable.

Telmissus n'était pas une ville considérable. Strabon ne la compte point parmi celles qui avaient droit de donner trois suffrages dans les assemblées nationales. Mais elle était renommée pour ses devins. C'est là, dit Cicéron, que florissait la science des aruspices. Son port est à l'abri de tous les vents. Il est défendu à l'ouest par le mont Dédale, à l'est par le promontoire de Telmissus, au nord par les collines élevées qui font la base du Cragus, et au midi par de petites îles qui, se trouvant en travers du golfe, rompent la violence des flots. Encore de nos jours les vaisseaux battus de la tempête y peuvent mouiller en sûreté. Cet avantage, le plus précieux des villes maritimes, rendit Telmissus commerçante, et y fit fleurir les arts, comme l'atteste le beau théâtre qu'on y admire. Il est construit en face du port, dans la colline qui le domine du côté de l'orient. Ce théâtre forme un demi-cercle, et a vingt-quatre rangs de gradins. On entre dans l'arène par trois portes d'une architecture très simple. La partie droite adossée contre la montagne est éboulée, et les gradins sortis de leurs places sont entassés sans ordre. Le reste est assez bien conservé. Ce théâtre a beaucoup moins de grandeur, de majesté, de magnificence, que celui de Patare. Il n'a pas aussi bien résisté aux injures du temps. Sans doute que ces monuments étaient proportionnés à l'étendue et à la puissance des villes qui les avaient fait construire; j'ai vu le nom de M. de Choiseul-Gouffier écrit sur les pierres du théâtre de Telmissus, qu'il a fait graver avec beaucoup de soin.

A quelque distance de là, et en suivant la même colline du côté du nord, on aperçoit un grand nombre de tombeaux taillés dans le rocher. Ils sont construits dans le goût de ceux de Patare, mais avec moins de noblesse. Un péristyle, soutenu par des colonnes, précède les plus remarquables. La soif de l'or n'a pas plus épargné les uns que les autres; presque tous ont été violés. On a arraché la pierre qui les fermait et les corps qu'ils contenaient. Un grand nombre ne présente que de simples sarcophages creusés dans la pierre. Au-dessus on voit les ruines d'un château qui servait peut-être de citadelle à Telmissus. Voilà tout ce qui reste de cette ancienne ville. La mousse et les ronces couvrent en partie ses mausolées. J'ai remarqué, aux environs, de jeunes platanes et des touffes de myrtes couverts de fleurs qui m'ont un peu consolé du triste spectacle que j'avais sous les yeux. Harassé d'avoir gravi les rochers pendant une partie du jour, brûlé par l'ardeur du soleil, je suis revenu sur les bords du charmant ruisseau, au pied de mon figuier chéri. J'y ai trouvé un ombrage frais, des fruits exquis, et les douceurs du repos. Rien ne trouble le calme que l'on goûte en ce lieu. Point de bruit de voitures, point de tumulte, pas même les sons de la voix humaine. Tout y est paisible et silencieux. A peine le zéphir agitait le feuillage; à peine il faisait plier le roseau fragile. De hautes montagnes semblent vous séparer du reste de l'univers. C'est l'asile de la paix et du silence.

Le soleil continue d'éclairer cette belle vallée comme aux siècles passés. Il l'échauffe de ses feux créateurs. La terre y pousse de toutes parts des plantes vigoureuses, des buissons touffus, et des herbes dont les eaux entretiennent la fraîcheur. Mais la main de l'homme manque à la nature. Elle y est agreste et sauvage. Les épines y croissent à la place des arbres utiles. Les joncs viennent là où l'on verrait des campagnes couvertes de blés. Pour peu que l'art voulût enrichir ces lieux, ils offriraient bientôt des bosquets de myrtes, d'orangers, de grenadiers, et tous les trésors de Cérès et de Pomone.

Les Grecs qui habitent cette vallée la laissent en friche. On n'y trouve pas un seul arpent cultivé. Ils sont sans courage, sans énergie. Le cultivateur n'arrose la terre de ses sueurs que pour en recueillir les fruits. Si cet espoir lui manque, il tombe dans le découragement (1).

Assis près des ruines de Telmissus, mes idées erraient ainsi sur les objets qui se présentaient à mes regards, lorsque la fraîcheur et les ombres sont venues m'avertir qu'il fallait quitter la pelouse où je reposais agréablement. J'ai dit adieu au ruisseau qui m'avait désaltéré, au figuier qui m'avait nourri, et je suis allé rejoindre à bord mes compagnons de voyage qui me croyaient perdu.

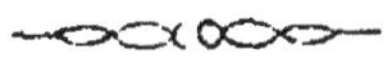

XII

A Rhodes.

La fortune, Madame, nous a poursuivis jusqu'au bout. Nous étions prêts d'entrer dans le port de Rhodes, lorsqu'un coup de vent a chassé le vaisseau au large. Il a eu beaucoup de peine à regagner la

(1) Tel était l'état des Grecs lorsqu'ils étaient soumis à l'empire ottoman.

terre. Enfin nous avons jeté l'ancre à une lieue au midi de la ville, dans un petit enfoncement que forme la côte (1). Aussitôt après mon débarquement, je suis allé visiter le consul de France, qui m'a logé chez lui. C'est de sa maison, c'est de Néocorio (2) que je vous entretiendrai de l'ancienne Rhodes, la plus orientale, la plus belle des Cyclades. En vous offrant ensuite le tableau de son état actuel, vous aurez un terme de comparaison, et pourrez vous former une juste idée de cette île. Permettez, Madame, que je remonte dans l'antiquité, et que j'expose brièvement à vos regards les principaux traits de son histoire. Ces temps reculés, où l'homme imitateur gravait des images pour se rappeler des faits, sont le règne de la fable; mais souvenez-vous qu'elle cache presque toujours la vérité sous le voile des allégories.

Plusieurs anciens auteurs assurent que Rhodes fut autrefois couverte par la mer, qu'elle éleva sa tête humide au-dessus des eaux, et devint une île (3). Ils n'en marquent pas l'époque, qui se perd dans

(1) Cet enfoncement, qui paraît avoir été pris sur la côte, est probablement le port que Démétrius fit creuser pendant le siége de Rhodes, pour mettre ses vaisseaux à l'abri de la tempête et des entreprises de l'ennemi. Il est au midi de la ville, précisément à la distance que marque Diodore de Sicile.

(2) Village près de Rhodes.

(3) Le 25, à six heures du matin, nous jetâmes l'ancre au port de Rhodes, afin de prendre un pilote pour la côte de Syrie. Je descendis à terre, et je me fis conduire chez M. Magallon, consul français. Toujours même réception, même hospitalité, même politesse. M. Magallon était

la nuit des siècles; mais la tradition en a conservé le souvenir, et les plus graves écrivains de l'antiquité l'ont admise comme certaine. Délos et Rhodes, dit Pline, célèbres depuis longtemps, naquirent

malade ; il voulut cependant me présenter au commandant turc, très bon homme, qui me donna un chevreau noir, et me permit de me promener où je voudrais. Je lui montrai un firman qu'il mit sur sa tête, en me déclarant qu'il portait ainsi tous les amis du grand-seigneur.

Il me tardait de sortir de cette audience, pour jeter du moins un regard sur cette fameuse Rhodes où je ne devais passer qu'un moment.

Ici commençait pour moi une antiquité qui formait le passage entre l'antiquité grecque que je quittais, et l'antiquité hébraïque dont j'allais chercher les souvenirs. Les monuments des chevaliers de Rhodes ranimèrent ma curiosité un peu fatiguée des ruines de Sparte et d'Athènes. Des lois sages sur le commerce, quelques vers de Pindare sur l'épouse du Soleil et la fille de Vénus, des poètes comiques, des peintres, des monuments plus grands que beaux; voilà, je crois, tout ce que rappelle au voyageur la Rhodes antique. Les Rhodiens étaient braves : il est assez singulier qu'ils se soient rendus célèbres dans les armes pour avoir soutenu un siége avec gloire, comme les chevaliers leurs successeurs. Rhodes, honorée de la présence de Cicéron et de Pompée, fut souillée par le séjour de Tibère. Les Perses s'emparèrent de Rhodes sous le règne d'Honorius. Elle fut prise ensuite par les généraux des califes, l'an 647 de notre ère, et reprise par Anastase, empereur d'Orient. Les Vénitiens s'y établirent en 1203 ; Jean Ducas l'enleva aux Vénitiens. Les Turcs la conquirent sur les Grecs. Les chevaliers de Saint-Jean de Jérusalem s'en saisirent en 1304, 1308 ou 1319. Ils la gardèrent à peu près deux siècles, et la rendirent à Soliman II le 25 décembre 1522.

(CHATEAUBRIAND, *Itinéraire*.)

autrefois de la mer. Tant d'autres témoignages attestent le même fait que l'on ne peut guère le révoquer en doute. Philon attribue cet événement à la diminution des eaux de la mer. Si cette opinion avait quelque fondement, la plupart des îles de l'Archipel, étant plus basses que Rhodes, auraient une pareille origine. Or l'histoire ne dit rien de semblable. Il est bien plus naturel de penser que les feux volcaniques qui, la quatrième année de la cent trente-cinquième Olympiade, firent sortir des abîmes de la mer *Thérasia* et *Thera*, aujourd'hui Santorin, qui depuis, et de nos jours même, ont élevé dans les environs plusieurs îlots, donnèrent autrefois naissance à Rhodes et à Délos.

Les premiers habitants de l'île furent les Telchins, que la fable appelle Enfants de la mer. Strabon les fait sortir de Crète, et dit qu'on les regarda comme des enchanteurs, parce qu'ils possédaient diverses connaissances. Ils furent les premiers qui enseignèrent l'usage du fer et de l'airain, et qui firent une faux à Saturne.

Plus tard, Danaüs, fuyant d'Egypte avec ses filles, aborda à Linde. Ayant été favorablement reçu par les habitants, il y éleva un temple à Minerve, dans lequel il consacra la statue de cette déesse. Trois de ses filles moururent dans l'île, et les autres le suivirent à Argos.

Après le départ de Danaüs, Cadmus, fils d'Agénor, cherchant Europe par l'ordre de son père, essuya une affreuse tempête pendant laquelle il promit de consacrer un temple à Neptune s'il échappait à la mort. Etant débarqué à Linde, il exécuta son vœu, et laissa des prêtres pour desservir le temple. Il offrit à Minerve Lindienne un bassin d'or avec une inscription en caractères phéniciens. Athénée nous représente cette descente comme une expédition militaire; il dit que Cadmus s'empara d'une partie de l'île, en chassa les Héliades, et y établit les Phéniciens.

Dans la suite, l'île se remplit de serpents, et reçut le nom d'*Ophiusa*. Quelques-uns d'une grandeur effroyable dévoraient les habitants. L'oracle de Délos ayant été consulté, déclara qu'il fallait y amener Phorbas. Ce guerrier était dans la Thessalie à la tête d'un corps de troupes. Il se rendit à l'invitation des Rhodiens, détruisit les monstres qui ravageaient l'île, et s'y établit. Ses services importants lui firent décerner, après sa mort, les honneurs héroïques. Conon assure qu'il chassa les Phéniciens de Rhodes.

Peu de temps avant la guerre de Troie, Tlépolème, fils d'Hercule, aborda dans l'île de Rhodes avec ses compagnons. Ayant été favorablement accueilli, il y fixa son séjour; devenu roi de l'île, il partagea les terres entre les habitants, et les soumit à des lois équitables. A son départ pour la guerre de Troie, il laissa le gouvernement à Butès, un de ses compagnons; il se distingua pendant le siége, et mourut dans la Troade.

Les Rhodiens, dès ces temps reculés, étaient déjà recommandables par leur marine. L'île leur fournissait des bois de construction, et leur situation les invitait à profiter des avantages du commerce.

Ils naviguaient jusqu'en Espagne. Ils fondèrent Parthénope, aujourd'hui Naples, en Campanie, et bâtirent après le siége de Troie Maïorque et Minorque. L'île était divisée entre les habitants de Linde, d'Ialyse, et de Camire. C'est ce qu'Homère donne à entendre lorsqu'il dit, en parlant des Rhodiens : « Ils ont trois villes, trois tribus; Jupiter, qui » gouverne les immortels, et qui aime les humains, » les a comblés de richesses. »

J'ai passé rapidement sur les siècles, et omettant nombre de traits que rapportent les mythologistes; je viens au temps où les Rhodiens, rassemblés par l'intérêt commun, ne formèrent qu'un corps de nation, et fondèrent la ville qu'ils appelèrent Rhodes, du nom de l'île. Cette grande entreprise arriva pendant la guerre du Peloponèse. Vous savez » presque tous, dit Aristide, qu'avant l'expédition » navale de Lysandre le Lacédémonien, la ville que » vous occupez n'était pas bâtie. L'île s'appelait » Rhodes, mais la cité de ce nom ne subsistait pas » encore. Les Rhodiens habitaient alors les trois » villes qu'Homère a comptées. »

Rhodes eut pour architecte Hippodamus de Millet, qui éleva les superbes murs du Pirée, détruits bientôt après par les Lacédémoniens.

Les habitants de Linde, d'Ialyse et de Camire se réunirent dans ses murs, et ne composèrent qu'une seule république. Elle avait environ trois lieues de circuit, et pouvait contenir un peuple immense. Elle était placée à la pointe d'un promontoire qui s'avance vers l'orient, au même endroit où se trouve la ville moderne. Le terrain étant en pente, l'architecte y conforma son plan, et perça les rues avec tant d'habileté que ce défaut devint une beauté. « Rhodes, dit Diodore, s'élevant en » amphithéâtre, tous les yeux étaient frappés par la » vue des vaisseaux, par l'éclat des armes, et l'on » concevait une haute idée de sa puissance. Strabon, qui avait beaucoup voyagé, et qui connaissait Rome, Alexandrie, Memphis, et les cités les plus fameuses de l'Asie, ne peut s'empêcher de leur préférer Rhodes. « La beauté de ses ports, » dit-il, de ses rues, de ses murs, la magnificence » de ses monuments, l'élèvent si fort au-dessus des » autres villes, qu'il n'en est aucune qu'on puisse » lui comparer.

Aristide l'a décrite plus en détail, et le tableau qu'il nous en a laissé frappe d'étonnement et d'admiration.

« Dans l'intérieur de Rhodes, on ne voyait point » une petite maison à côté d'une grande. Toutes » étaient d'égale hauteur, et offraient le même » ordre d'architecture, de manière que la ville » entière ne semblait former qu'un seul édifice. Des » rues fort larges la traversaient dans toute son » étendue. Elles étaient percées avec tant d'art que, » de chaque côté que l'on portât ses regards, » l'intérieur paraissait superbement décoré. Les » murs, dont la vaste enceinte était entrecoupée » de tours d'une hauteur et d'une beauté surpre- » nantes, excitaient surtout l'admiration. Leurs » sommets élevés servaient de phare aux navigateurs. » Telle était la magnificence de Rhodes, qu'à moins » de l'avoir vue l'imagination ne pouvait en con-

» cevoir l'idée. Toutes les parties de cette immense » cité, liées entre elles par les plus belles propor- » tions, composaient un ensemble parfait, dont les » murs étaient la couronne. C'était la seule ville » dont on pût dire qu'elle était fortifiée comme une » place de guerre, et ornée comme un palais. »

Ajoutez à cette description des temples superbes dont les portiques étaient enrichis de tableaux des plus grands peintres, une foule de colosses et de statues d'un travail merveilleux, un magnifique théâtre, des arsenaux d'une vaste étendue, des flottes qui venaient de toutes les parties du monde payer aux arts le tribut que leur doivent les riches- ses : ajoutez-y un peuple courageux, savant, fortuné, et vous aurez l'idée de la plus belle ville de l'univers. Je ne puis m'empêcher, Madame, de présenter à vos regards quelques-uns de ses chefs-d'œuvre. Pline, après avoir fait l'énumération des colosses les plus fameux, ajoute : « Mais aucun d'eux » n'approche de celui que les Rhodiens consacrèrent » au soleil. Il fut l'ouvrage de Carès de Linde, » élève de Lysippe. Ce colosse avait soixante-dix » coudées de haut (environ trente-cinq mètres). Un » tremblement de terre le renversa cinquante-six » ans après son érection ; dans cet état il paraît » encore une merveille. Peu d'hommes peuvent » embrasser son pouce ; ses doigts sont plus grands » que la plupart des statues, ses membres fracassés » laissent apercevoir dans son intérieur de profondes » cavités remplies d'énormes pierres que l'artiste y » avait fait entrer pour l'affermir sur sa base. On » dit qu'il employa douze années à l'achever, qu'il

» coûta trois cent talents, somme que les Rhodiens
» retirèrent des machines de guerre que Démétrius
» avait laissées devant leurs murs lorsqu'il en leva
» le siége. On voit dans cette ville cent autres
» colosses, moins grands à la vérité, mais assez
» superbes pour que chacun d'eux illustrât la place
» où il serait érigé. Ajoutez à cela cinq statues
» colossales des dieux, ouvrages précieux de
» Bryaxis. »

Quelques historiens modernes, voulant ajouter du merveilleux à l'histoire du colosse, ont prétendu qu'il avait les pieds posés sur deux rochers situés à l'entrée du port, et que les vaisseaux passaient à pleines voiles entre ses jambes. Cette fable ne mérite aucune croyance. Elle est démentie par le silence de l'antiquité, qui certainement n'aurait pas oublié un fait aussi remarquable. Au contraire, les historiens qui parlent de la chute du colosse, ceux qui l'ont vu, attestent qu'il était couché par terre. S'il avait été placé à l'entrée du port, il serait tombé dans la mer, et ils n'auraient pas manqué de nous l'apprendre. Il était encore renversé du temps de Pline. Il le fut jusqu'à la douzième année du règne de l'empereur Constans. A cette époque, Mauhias, lieutenant d'Othman, s'étant emparé de Rhodes, détruisit cette statue colossale qui avait mérité d'être mise au nombre des sept merveilles du monde. Il la vendit à un juif qui en emporta les débris à Emèse sur neuf cents chameaux, neuf cent trente-deux ans après son érection.

Tous les arts s'empressaient de concourir à l'embellissement de Rhodes. La peinture y disputa le prix à la sculpture. Les temples renfermaient une foule de chefs-d'œuvre, parmi lesquels « on » admirait, dit Strabon, deux tableaux de Proto- » gènes, qui représentaient l'un Ialysus, l'autre un » satyre debout sur une colonne avec une perdrix à » ses pieds ; ce dernier ayant été exposé aux regards » du public, l'oiseau causa une admiration univer- » selle, au point que l'on négligea le satyre, à la » perfection duquel l'artiste avait employé toutes les » ressources de l'art. L'enthousiasme augmenta bien » davantage lorsque l'on eut apporté devant ce » tableau des perdrix apprivoisées ; et en effet on les » entendait chanter dès qu'elles l'apercevaient, ce » qui réjouissait beaucoup la multitude. Proto- » gènes (1), indigné que l'on donnât tant de prix à » ce qui n'était qu'un ornement, obtint du préfet » du temple la permission d'effacer l'oiseau, et » l'effaça.

Pline décrit ainsi le tableau d'Ialysus dont parle Strabon : « Le plus beau des ouvrages de Protogènes » est le tableau d'Ialysus que l'on voit de nos jours, » consacré dans le temple de la Paix, à Rome. Pour » le prémunir, s'il était possible, contre les injures » du temps et les atteintes de la vétusté, le peintre » le composa de quatre couches de couleur ajoutées » l'une sur l'autre, espérant que si la première » s'effaçait, elle serait remplacée par les suivantes. » On voit dans ce tableau un chien admirablement » bien peint. Le hasard et l'art concoururent à sa

(1) Protogènes était de Canne, ville de Carie, soumise aux Rhodiens.

» perfection. L'artiste, après avoir exécuté toutes » les parties de l'animal, et vaincu, à force de » talent, les difficultés qu'elles offraient, était con» tent de son ouvrage; mais il restait un objet qu'il » désespérait de pouvoir exprimer d'une manière » parfaite; c'était l'écume qui blanchit la gueule du » chien haletant; il ne pouvait attraper la nuance » convenable; toujours outré, il s'écartait de plus » en plus de la nature. Enfin l'écume lui semblait » peinte et non produite naturellement. Ces obser» vations le tourmentaient d'autant plus qu'il ne se » contentait pas de la vraisemblance dans un tableau; » il y voulait voir la vérité. Souvent il effaça, souvent » il changea de pinceaux, sans parvenir au point » qu'il s'était proposé. Irrité contre l'impuissance de » l'art, il jeta de dépit l'éponge contre le tableau » pour l'effacer. Elle frappa au but, et y disposa » ses couleurs au gré de ses désirs. Le hasard, cette » fois, rendit la nature (1). »

J'ai rapporté ces deux exemples pour faire voir combien les anciens excellaient dans la peinture. Protogènes et Apelles, son contemporain, imitèrent si parfaitement la nature que leurs tableaux présentaient des êtres vivants, animés. L'illusion était telle que les animaux, les hommes mêmes y furent souvent trompés. Que l'on ne s'imagine pas que l'artiste né avec le plus de talent puisse, sans des

(1) C. Cassius, qui s'empara de Rhodes, et qui en enleva toutes les offrandes, excepté le char du soleil, emporta ce beau tableau. Il subsista jusqu'au temps de Commode, sous l'empire duquel le temple de la Paix fut brûlé, c'est-à-dire quatre cent cinquante ans.

efforts prodigieux, parvenir à ce haut degré de perfection. Il faut qu'un travail opiniâtre et des connaissances approfondies de toutes les parties de l'art secondent le génie; sans cela il ne crée rien pour l'immortalité. Protogènes employa sept années à finir le tableau d'Ialysus, et, s'il faut en croire Pline, il ne se nourrit pendant tout ce temps que de lupins, de peur qu'une nourriture trop succulente n'émoussât la sensibilité de ses organes. Rien ne prouve mieux l'idée sublime que ces anciens artistes avaient de la perfection, et combien ils étaient enflammés de l'amour de la gloire, puisqu'ils lui faisaient de pareils sacrifices.

Ne croyez pas, Madame, que Rhodes ne possédât qu'un petit nombre de tableaux excellents. Les portiques de ses temples étaient ornés de peintures d'un prix infini; la possession d'un seul de ces ouvrages immortels, dit Aristide, eût suffi pour rendre une ville illustre. Voici ce qu'en dit Lucien, qui n'est pas flatteur. Il parle de son séjour à Rhodes : « J'étais logé dans le quartier du temple » de Bacchus, et dans mes moments de loisir je » parcourais la ville pour en examiner les monu- » ments. De temps en temps je goûtais un plaisir » exquis en me promenant sous les portiques du » temple, et en contemplant les peintures admira- » bles qui les décoraient. Ce spectacle avait d'autant » plus d'attrait pour moi que je comprenais les » sujets, et que je repassais dans ma mémoire les » fables héroïques qu'ils représentaient. »

Les sciences et les lettres marchent toujours de pair avec les beaux-arts dont elles sont le guide et le flambeau. Les Rhodiens s'y distinguèrent. Leurs écoles parvinrent à un si haut point de célébrité que les premiers personnages de la république romaine en devinrent les disciples. De ce nombre furent Caton, Marcus-Brutus, Cicéron, Cassius, César, Pompée, etc. Ces hommes nés pour commander ne bornaient pas leur éducation à des connaissances frivoles ; ils apprenaient tous le grec, qui était alors la langue universelle, étudiaient avec soin leurs lois et celles des autres nations. Ils s'efforçaient surtout de se rendre recommandables dans l'art de la parole. Devant traiter en présence d'un peuple éclairé les intérêts du monde entier, il fallait que l'éloquence frappât les esprits, présentât aux uns des images vives, aux autres des raisonnements frappants, et portât la persuasion dans tous les cœurs. L'éloquence était aussi nécessaire aux Romains d'alors que le génie de la guerre.

A quoi doit-on attribuer cet état florissant de la république rhodienne ? Est-ce à la fertilité de son terroir, à la beauté de son climat, à la bonté de sa position ? Ces avantages y contribuèrent sans doute ; mais ils ne furent point la source de ses richesses et de sa puissance. Elle les dut à la bonté de ses lois et à la sagesse de son gouvernement, seules bases solides sur lesquelles est fondée la gloire des empires. « On ne saurait trop admirer, dit Strabon, le soin avec lequel les Rhodiens ont conservé le » code excellent de leurs lois, la sagesse qui brille » dans les diverses parties de la république, et » principalement dans l'administration de la marine. » Ces moyens puissants leur ont assuré pendant

» longtemps l'empire de la mer, la destruction des » pirates et l'amitié des Romains. » Alliés de toutes les puissances, ils ménageaient avec adresse leurs divers intérêts, et évitaient d'entrer dans leurs querelles particulières. Cette sage politique leur procura une longue paix, et fit fleurir leur commerce qui s'étendait d'un bout à l'autre de la Méditerranée. Rhodes était l'entrepôt de toutes les nations commerçantes. « Le navigateur qui y abor- » dait, dit Aristide, voyait avec étonnement plu- » sieurs ports formés par des môles de pierre jetés » bien avant dans la mer. L'un recevait les vais- » seaux d'Ionie, l'autre ceux de Carie. Celui-ci » offrait son abri aux flottes d'Egypte, de Chypre et » de Phénicie, comme si chacun d'eux eût été fait » exprès pour telle ville. Près de ces ports s'élevaient » des arsenaux dont l'imposante majesté étonnait » les regards. Si l'on considérait l'immensité de » leurs toits d'un lieu élevé, ils ressemblaient à un » vaste champ dont le terrain est incliné. »

Les forêts du mont Atabyre, entretenues avec soin, fournissaient aux Rhodiens d'excellents bois de construction. Leurs vaisseaux étaient les meilleurs voiliers du monde, et leurs marins les plus expérimentés dans la navigation. C'est ce qui fait dire à Aristide : « O Rhodiens! si jamais la tour- » mente vous avertit de songer à votre sûreté, si » vous avez à lutter contre la fureur des flots, » rappelez-vous le bon mot d'un de vos marins. La » tempête avait assailli son vaisseau. Il voyait l'abîme » prêt à l'ensevelir dans son sein. Alors, levant la » voix, il s'écria : O Neptune! apprends que je

» n'abandonnerai point le gouvernail, et que, s'il » faut être englouti, je dirigerai mon navire jus- » qu'au fond de ton empire. » Telles furent, Madame, les sources de la puissance et de la gloire des Rhodiens. Alexandre, qui regardait leur ville comme la première de l'univers, la choisit pour y déposer son testament.

Les Rhodiens méritaient de l'habiter. Leurs mœurs étaient douces et aimables, et leurs manières polies. Lorsqu'ils paraissaient en public, la décence accompagnait leurs pas. On ne les voyait point courir dans les rues; et ils reprenaient avec douceur les étrangers qui marchaient d'une manière inconsidérée. Au spectacle, lorsqu'une pièce méritait des applaudissements, tous les spectateurs gardaient un profond silence. C'était l'hommage dont ils croyaient devoir honorer les talents. A table, l'honnêteté et l'urbanité présidaient à leurs festins. L'ivrognerie en était bannie. Ils s'entretenaient amicalement avec leurs convives, et jamais ne leur faisaient sentir le faste d'un maître. « Ce sont ces vertus, dit Aristide, qui rendent votre ville » vénérable. Ce sont elles qui vous élèvent au- » dessus des autres peuples, et vous attirent leur » amour et leur admiration. Vos mœurs antiques » et vraiment grecques vous illustrent bien » davantage que vos ports, vos murs, vos arse- » naux. »

Cependant les anciens reprochent aux Rhodiens les défauts qu'amènent les grandes richesses, le luxe et la volupté. Ils bâtissent, dit Stratonique, comme s'ils étaient immortels, et ils servent leurs tables avec autant de profusion que s'ils n'avaient que quelques jours à vivre. Les vases dont ils usaient dans leurs repas étaient d'une recherche infinie, et très renommés pour le plaisir qu'on trouvait à y boire. Ils faisaient entrer dans leur composition de la myrrhe, de la fleur d'un jonc odorant, du safran, du baume, de l'amome et du cinname cuits ensemble.

Le gouvernement de Rhodes fut toujours républicain. D'abord le pouvoir était entre les mains du peuple. Dans la suite les nobles s'en emparèrent, et formèrent une aristocratie. Ils n'abusèrent point de leur puissance. L'humanité les portait à secourir leurs concitoyens. La politique leur fit sentir que ce sont les classes indigentes de la société qui fournissent les bras sans lesquels un état ne peut subsister. Ils eurent donc soin de prévenir la misère qui éteint les hommes, et créèrent des magistrats dont l'emploi était de veiller aux besoins des pauvres, de leur fournir une nourriture saine, et de les employer aux travaux publics. Cette administration éclairée assura la tranquillité au sein de la république. Elle n'éprouva point ces agitations violentes dont les secousses réitérées renversèrent celles d'Athènes et de Rome. A la vérité, elle essuya des orages passagers. Alcibiade, à la tête d'une flotte nombreuse, la soumit aux Athéniens; mais ayant fait un traité d'alliance avec les habitants de Byzance et de Chio, elle secoua le joug. Mausole s'empara de Rhodes par ruse, et y établit la tyrannie. Artémise, son épouse, usant du même stratagème, en fit périr les principaux habitants. Mais les Rhodiens chassèrent leurs tyrans, et recouvrèrent leur liberté.

Cette république jouissait des fruits heureux de sa sagesse, lorsqu'Antigone, jaloux de n'avoir pu la détacher de l'alliance de Ptolémée, roi d'Egypte, lui déclara la guerre. Il fit contre elle d'immenses préparatifs, et envoya Démétrius son fils pour la soumettre. Ce prince, savant dans l'art de prendre les villes, assiégea Rhodes par terre et par mer. Il inventa pour la réduire de nouvelles machines. Il fit rouler au pied de ses murailles une citadelle de bois recouverte en fer. Cet édifice, d'une grandeur prodigieuse, avait neuf étages, et se mouvait en tous sens. On y faisait jouer des catapultes qui lançaient des quartiers de rochers et des pieux ferrés d'une grandeur prodigieuse. Tandis que des béliers, longs de deux cents pieds, et poussés par mille hommes à la fois, sappaient les murailles, une foule d'archers, placés sur les sommets de cette tour ambulante, plongeaient sur les assiégés, et les perçaient de leurs traits. Trente mille soldats étaient occupés à mouvoir cette hélépole, à en faire jouer les machines, et combattre sous son abri. La plus forte tour de Rhodes, et une grande partie du mur, furent renversées. Mais le courage du peuple triompha des flottes de Démétrius, d'une armée nombreuse qu'il avait à sa solde, et des talents guerriers que ce grand capitaine déploya pendant une année d'attaques. Au moment où les assiégés étaient le plus vivement pressés, quelques sénateurs proposèrent de renverser les statues élevées dans des temps plus heureux à Antigone et à Démétrius. Le peuple rejeta ce lâche conseil, et le reprocha comme un crime. Cette générosité envers un ennemi fit honneur aux Rhodiens dans l'esprit de toute la Grèce, et l'histoire en a conservé le souvenir.

Mithridate, qui balança longtemps la fortune des Romains, qui soumit à son empire la Grèce et les îles de l'Archipel, vint échouer devant Rhodes. C. Cassius la prit pendant la guerre civile, et la dépouilla d'une partie de ses trésors. Malgré cet échec, elle se releva avec gloire, et les services qu'elle rendit aux Romains lui firent obtenir et sa liberté, et des villes nouvelles dans la Carie. Enfin, fidèle aux lois qui la gouvernaient, et au commerce qui entretenait sa puissance, elle demeura libre jusque sous l'empire de Vespasien, qui le premier la réduisit en province romaine. Depuis ce moment Rhodes n'a été qu'une des belles îles de l'Archipel. Sa fortune et ses richesses se sont évanouies. Il semble qu'en la privant de sa liberté on ait éteint son génie, ce feu sacré qui lui avait fait produire tant de merveilles. Les sciences, les lettres, les arts, ensevelis avec elle, n'y ont plus reparu.

Sous Constantin elle demeura dans le partage d'Orient. Cette division avait affaibli l'empire. La lâcheté et les vices des princes qui lui succédèrent l'ébranlèrent jusque dans ses fondements. Les Arabes, conduits par l'enthousiasme que Mahomet leur avait inspiré, marchant et combattant au nom de l'Eternel, conquirent les plus belles provinces. La douzième année du règne de Constans, Mauhias, lieutenant d'Othman, se rendit maître de Rhodes. Dans la suite, les empereurs grecs en chassèrent les infidèles, et la gardèrent jusqu'au temps où Baudouin, devenu souverain de Constantinople, envoya un préfet à Rhodes. Quelques temps après, Jean Ducas en fit la conquête. Les braves guerriers connus alors sous le nom de chevaliers de Saint-Jean, conduits par leur grand-maître, Foulques de Villaret, l'attaquèrent et la prirent après un sanglant combat où l'héroïsme triompha du nombre et de la valeur. Mahomet second, qui semblait avoir enchaîné la victoire à son char, et qui fit trembler la chrétienté, vint ternir l'éclat de ses lauriers devant cette place, défendue par un petit nombre de héros. En 1522, Soliman vit périr une armée nombreuse sous ses murailles. Si ce redoutable conquérant de la Perse et de la Hongrie soumit Rhodes attaquée par toutes les forces des Ottomans, c'est à la honte des princes chrétiens qui n'envoyèrent pas un seul vaisseau au secours de ses intrépides défenseurs. Plutôt détruits que vaincus, presque tous furent ensevelis sous les débris de leurs forts. Soliman n'entra dans la ville qu'à travers des ruisseaux du sang de ses sujets. Il n'y trouva que des monceaux de ruines, et un petit nombre de chevaliers couverts de blessures. A leur tête paraissait Villiers de l'Ile-Adam, vieillard célèbre qui réunissait au sang-froid de son âge le courage d'un héros, et la grandeur d'âme d'un chrétien.

Je viens d'exposer à vos regards, Madame, un court abrégé de l'histoire de Rhodes, depuis l'antiquité jusqu'au temps où elle passa sous la domination des Turcs; il me reste à vous entretenir sur son état actuel.

XIII

A Rhodes.

Je n'ai plus à vous offrir, Madame, la description d'une ville magnifique, le tableau d'un sage gouvernement, la gloire d'une nation. L'ambition des Romains, la corruption des monarques du Bas-Empire, le fanatisme des Arabes, les tremblements de terre, ont tour à tour dévasté l'île de Rhodes. Le despotisme des Turcs, succédant à ces fléaux, y a causé des maux non moins funestes. Monuments, sciences, arts, il a achevé de tout détruire.

La ville moderne, bâtie sur les ruines de l'ancienne, n'occupe pas le quart de son étendue. Elle ne possède aucun monument remarquable. On n'y retrouve pas même les vestiges du théâtre, des temples, des portiques. Statues, colosses, tableaux, tout a été enlevé ou détruit. A ces rues larges et percées avec art, à ces édifices parfaitement alignés, et dont les façades présentaient le même ordre d'architecture, ont succédé des rues étroites et tortueuses, des maisons sans goût, sans ordre, sans décoration. Je vous assure, Madame, que si un Rhodien du siècle d'Alexandre revenait de nos jours dans sa ville natale, il y serait absolument étranger, n'y reconnaîtrait aucun monument, et se croirait transporté dans un pays habité par des barbares.

Les chevaliers de Rhodes y ont laissé des traces de leur séjour. Leurs armoiries et quelques bustes des grands maîtres, sculptés en relief sur le marbre, décorent les façades de plusieurs bâtiments. Les murs, les tours qu'ils élevèrent subsistent encore, et portent les marques glorieuses de leur défense opiniâtre. L'église de Saint-Jean a été convertie en mosquée. Le vaste hôpital où la charité chrétienne recevait les fidèles de toutes les parties du monde, et leur fournissait des secours, sert actuellement de grenier aux Turcs. Ces barbares le laissent dépérir, ainsi que la maison du gouvernement, où l'on voit des marbres et des colonnes antiques.

Rhodes n'a plus que deux ports. Le plus petit regarde l'orient, et se nomme *Darca*. Des rochers que la nature a placés en avant, à peu de distance l'un de l'autre, en défendent l'entrée, et n'y laissent que le passage d'un vaisseau. Des môles élevés sur les côtés le mettent à l'abri de tous les vents. Les Turcs qui, depuis la conquête de l'île, n'en ont pas ôté un grain de sable, le laissent combler peu à peu. Il n'a plus de fond que pour des bâtiments marchands, encore sont-ils obligés de décharger une partie de leur cargaison avant d'y entrer. C'est là que les navires vont caréner, et que l'on construit des caravelles pour le Grand-Seigneur. On rendrait ce joli bassin propre à recevoir de gros vaisseaux si l'on employait pour le creuser les moyens dont on se sert à Marseille et ailleurs.

L'autre port est plus grand ; il porte le nom de Rhodes. Les frégates de trente canons peuvent y mouiller. Elles y sont défendues des vents d'ouest qui, dans ces partages, règnent neuf mois de l'année. Ceux du nord et du nord-est y donnent à plein, et lorsqu'ils soufflent avec force les vaisseaux courent risque d'être brisés contre les murs de la ville ou les rochers. Quoique Rhodes n'ait rien conservé de son antique splendeur, l'avantage de sa situation à la pointe d'un promontoire, ses maisons disposées en amphithéâtre, ses murailles solidement construites, ses tours placées en avant sur des écueils, lui donnent un air de force et de puissance qui de loin en imposent aux yeux des navigateurs.

Des trois villes fondées, suivant la fable, par les enfants du Soleil, Linde seule a laissé des vestiges remarquables. Camire et Ialyse sont absolument détruites. « En quittant Rhodes, dit Strabon, et » en naviguant le long de la côte qu'on laisse à » droite, la première ville que l'on rencontre est » Linde. Elle est située sur une montagne au midi » de l'île, et en face d'Alexandrie. On y admire le » temple fameux de Minerve Lindienne, bâti par » les filles de Danaüs. » Cadmus l'enrichit de superbes offrandes. Les habitants y consacrèrent la septième ode des Olympiques de Pindare, écrite en lettres d'or. Les ruines de ce grand édifice se voient encore sur une colline élevée qui domine la mer. Les débris de ses murs, composés d'énormes pierres, y décèlent le goût égyptien. Les colonnes et les autres ornements ont été enlevés. Sur la cime la plus élevée du rocher, on remarque les ruines du château qui servait de forteresse à la ville. Son enceinte est vaste et remplie de décombres.

La nouvelle Linde est située au pied de ce mont.

Une baie profonde, qui s'avance dans les terres, lui sert de port. Les vaisseaux y trouvent un bon mouillage par huit et douze brasses. Ils y sont à l'abri des vents de sud-ouest qui règnent dans la plus rude saison de l'année. Au commencement de l'hiver, on jette l'ancre du côté d'un petit village appelé Massary. Avant la construction de Rhodes, Linde recevait les flottes d'Egypte et de Tyr; son commerce l'avait enrichie. Un gouvernement éclairé, profitant de son port et de sa situation, pourrait encore la rendre florissante.

Vers le milieu de Rhodes s'élève une haute montagne qui domine toute l'île. On la nomme *Artemira.* Je crois que c'est le mont Atabaris dont parle Strabon (1). On y avait consacré un temple à Jupiter. Cet ancien monument ne subsiste plus. Il a été remplacé par une petite chapelle où les Grecs vont en pélerinage. Artemira est fort escarpée. On ne peut y monter à cheval. Il faut la gravir à pied pendant quatre heures de marche pour arriver à sa cime. Lorsqu'on y est parvenu, on jouit d'un coup d'œil magnifique. On découvre aux bords de l'horizon, vers le nord-est, les sommets du Cragus; au nord, la côte élevée de la Caramanie; au nord-ouest, de petites îles semées dans l'Archipel, qui paraissent comme des points lumineux; au sud-ouest, la tête du mont Ida couronnée de nuages; au midi et au sud-est, la vaste étendue des eaux qui baignent les côtes de l'Afrique : cette

(1) On trouve ensuite Atabyris, mont le plus élevé du pays, sur le sommet duquel est un temple de Jupiter.

perspective éloignée varie à chaque instant, suivant qu'elle est plus ou moins éclairée par les rayons du soleil, et produit des scènes mobiles qui captivent les regards. L'observateur, après avoir joui de ce grand tableau, les rabaisse avec plaisir sur l'île qu'il voit s'arrondir à ses pieds. Il aperçoit çà et là sur les monts les plus élevés des pins antiques que la nature y a placés. Ils formaient autrefois d'épaisses forêts que les Rhodiens conservaient avec soin pour entretenir leur marine. Aujourd'hui ces beaux arbres sont clair-semés, parce que les Turcs coupent sans jamais replanter. Ces lieux solitaires servent d'asile à des ânes sauvages qui sont d'une grande légèreté à la course.

Au-delà de ces premières hauteurs, le terrain s'abaisse, et forme divers amphithéâtres de collines qui descendent jusqu'à la mer. Dans la plus grande partie de l'île, la côte s'incline insensiblement, et se prolonge en pente douce jusque sous les eaux. Aussi presque partout les vaisseaux peuvent mouiller à une encâblure du rivage. La plupart des coteaux sont couverts de buissons épineux ou de stériles bruyères. Quelques-uns offrent des vignobles qui produisent encore ce vin parfumé que recherchaient les Anciens. Il est d'un goût fort agréable, et laisse dans la bouche un bouquet exquis. Il serait aisé de les multiplier, et d'en couvrir des collines d'une grande étendue qui restent sans culture.

Des sommets ombragés du mont Artemira découlent un grand nombre de sources qui fertilisent les plaines et les vallées. On voit à l'entour des villages quelques champs cultivés, et des vergers où les figuiers, les grenadiers, les orangers, quoique plantés sans ordre et sans goût, n'en forment pas moins de riants ombrages. Les pêchers, qui du temps de Pline ne donnaient point de fruits à Rhodes, sont plus féconds aujourd'hui; mais les pêches qu'ils produisent n'ont ni le goût ni l'eau délicieuse des nôtres, parce que dans ce pays on ne sait point greffer les arbres. Le palmier y fleurit comme aux jours de Théophraste (1), sans rapporter de fruits. Il existe sur le globe une ligne fixée par la nature à chaque espèce d'arbres. Au-delà de cette barrière les uns ne croissent plus, les autres ne peuvent produire.

En parcourant l'île, on traverse à regret de jolies vallées, où l'on ne trouve point de hameaux, point de cabanes, pas même des traces de culture. Les roses sauvages y tapissent le pied des rochers. Les myrtes fleuris y parfument l'air de leurs suaves émanations. Des touffes de laurier-rose y bordent les ruisseaux de leurs fleurs éclatantes. Le colon y laisse la terre pousser une foule de plantes inutiles, sans daigner diriger sa fécondité, et jouir de ses faveurs.

N'accusons point les Grecs de cette coupable indolence. Ils ont été trop longtemps dans l'impuissance de rien tenter pour le bien public.

(1) La nature des lieux contribue infiniment à la fécondité ou à la stérilité. C'est ce que l'on voit dans le pêcher et le palmier. Ce dernier arbre porte des fruits en Egypte et dans les lieux voisins. A Rhodes, il fleurit seulement.

Je finirai, Madame, cette longue lettre, en vous disant un mot du caractère national des Rhodiens. Il est, ainsi que celui des autres nations, modifié par le climat, le gouvernement et la religion. L'île jouit d'une température délicieuse; l'air y est pur et salubre. On n'y voit point d'épidémies, à moins qu'elles ne soient apportées du dehors. Les vents d'ouest, qui règnent pendant neuf mois, y tempèrent les chaleurs de l'été. L'hiver n'y paraît jamais accompagné de neiges, de glaces, de frimas. Dans les jours les plus nébuleux, le soleil dissipe les nuages, et s'y montre au moins quelques heures. Le reste de l'année il l'éclaire de ses rayons bienfaisants, il féconde la terre, et purifie l'air naturellement humide. Tibère, dit Suétone, s'arrêta à Rhodes enchanté de la beauté du pays et de sa salubrité. Ce beau ciel, cette charmante température, ont une influence marquée sur les habitants.

XIV

A Symé.

J'AVAIS quitté avec regret, Madame, l'île de Rhodes, où tant de faits mémorables se retraçaient à ma mémoire. Tandis que le vaisseau nous emportait loin de ses bords, mes regards s'attachaient encore sur cette ancienne patrie des arts, et je

4

plaignais sa destinée. Ne reviendront-ils jamais ces temps heureux où tous les peuples policés lui rendaient des hommages, où les talents de ses artistes, l'éloquence de ses orateurs attiraient une foule d'étrangers ? Lorsque le flambeau des sciences s'est éteint dans une contrée, est-elle donc dévouée pour jamais aux ténèbres de l'ignorance ? Non. J'aime mieux croire que les beaux jours de la Grèce renaîtront, et qu'elle retrouvera ses arts et son génie. Telles étaient les réflexions qui m'occupaient, tandis que le vent nous faisait voguer à travers le détroit qui sépare Rhodes du continent d'Asie. Si cette île avait une marine, elle se rendrait maîtresse de ce passage, et pourrait fermer à son gré l'entrée de l'Archipel du côté de l'orient. Ce poste entre les mains d'une autre nation que les Turcs serait d'une grande importance.

Nous avancions lentement. Le vent, arrêté par des côtes élevées, enflait à peine nos voiles : il cessa de souffler, et nous laissa pendant deux jours en calme. La mer était parfaitement tranquille. Elle ressemblait à une glace polie, et réfléchissait par milliers les rayons du soleil. Le vaisseau immobile paraissait cloué à sa surface. La première fois que l'on navigue dans ces parages, on se croit au milieu d'un grand lac. On est toujours environné par des îles ou par le continent. La terre se découvre vers tous les points de l'horizon. Partout des rochers taillés à pic ou des écueils menaçants s'offrent aux regards. Mais cette vue n'a rien d'effrayant pour les navigateurs. Ils savent que des ports nombreux leur fourniront des asiles contre la tempête.

Profitant d'une brise favorable, nous avions dépassé *Symé*, renommée pour ses éponges. Nous laissions du côté du midi *Telos*, dont nous apercevions le sommet au bord de l'horizon ; nous allions entrer dans le golfe de *Cos*, vulgairement nommé *Stancho*.

Je désirais ardemment voir la patrie d'Hypocrate et d'Apelles, lorsque le vent nous manqua tout-à-coup, et nous laissa à la vue de *Nisiros*, que Neptune, suivant la fable, fit sortir de la mer d'un coup de trident.

Le calme dont nous jouissions était trompeur. Il cachait la tempête. L'occident se couvrit de nuages sombres, et le vent ne tarda pas à souffler de ce point du ciel par raffales violentes. Le capitaine tourna sur-le-champ la proue du navire, et loin de chercher à gagner le port de *Nisiros*, il s'enfuit vent arrière, et alla se réfugier dans une anse profonde de l'île de Symé. Ainsi nous perdîmes dans quelques heures le chemin que nous avions fait en plusieurs jours.

Cette île, qui reçut son nom de *Symé*, fille d'Ialysus, est dans la dépendance de Rhodes. Ce n'est qu'un rocher de peu d'étendue. Le sol extrêmement pierreux, et brûlé par l'ardeur du soleil, ne produit ni grains ni fruits. Quelques vignobles plantés parmi les rochers y donnent de bon vin. Le reste du terrain est stérile. On n'y trouve que de la bruyère, des amandiers sauvages, des épines et des touffes de myrtes dans les endroits humides. Les éponges, qui croissent en abondance autour de l'île, sont l'unique ressource des habitants. Hommes, femmes, enfants, tous savent plonger; tous vont sous les eaux chercher le seul patrimoine que la nature leur ait laissé. Les hommes surtout excellent dans cet art dangereux. Ils se précipitent dans la mer, et descendent à une très grande profondeur. Souvent ils se font violence pour retenir longtemps leur haleine, et au sortir de l'eau ils vomissent le sang à pleine bouche. D'autres fois ils courent risque d'être dévorés par des monstres marins. Le couteau qu'ils portent à la main serait une arme insuffisante pour leur défense. Distinguant parfaitement les objets à travers cet élément diaphane, aussitôt qu'ils aperçoivent des poissons voraces ils s'élancent avec rapidité du fond de l'abîme, et dans un instant ils sont dans leur nacelle. Je tiens ces particularités d'un plongeur du pays. Il se plaignait de grandes douleurs de reins, de la dureté de son état, du peu de profit qu'il en retirait, et en vérité je crois qu'il n'avait pas tort. Un fils, âgé de dix ans, était dans sa barque; il lui apprenait son métier, seul héritage qu'il pût lui laisser.

Le mauvais temps nous ayant retenu quelques jours dans le port de Symé, j'ai parcouru l'île, et suis allé visiter le village qu'habitent les plongeurs. Tout y annonce la pauvreté et la misère. Les rues sont étroites et sales; les maisons ressemblent à de misérables cabanes où la lumière du jour entre à peine. Le peuple, l'air triste et silencieux, paraît absorbé dans le malheur. Il ne montre point cette curiosité vive qu'inspirent ordinairement des étrangers. Les hommes et les femmes y sont vêtus de la même manière. Tous portent également la longue robe, la ceinture, et le châle autour de la tête. On ne peut les reconnaître qu'à la différence des traits. Une maladie cruelle les désole : la lèpre, le plus hideux des fléaux qui affligent l'humanité, est très commune à Symé. On voit les malheureuses victimes qui en sont atteintes tendre de loin la main aux passants, et leur demander l'aumône d'une voix étouffée. Elles sont isolées, et traînent dans les tourments les restes d'une vie affreuse. Affligé du spectacle que j'avais sous les yeux, je songeais à retourner au vaisseau, lorsqu'un prêtre grec m'a forcé, par ses instances, d'entrer chez lui. Il m'a fait asseoir sur un petit siége de bois, le seul qu'il eût dans sa maison, et s'est accroupi sur une mauvaise natte. Il m'a conté comme il était allé à Rome, comme il avait fait ses études au séminaire de la Propagande, comme on l'avait choisi pour être le pasteur de Symé, et comme il préférait sa patrie à tous les charmes de l'Italie. Je l'ai félicité sur son goût et ses voyages, et je me demandais intérieurement comment il était possible qu'on aimât un pareil séjour. Ce bon père était très âgé. Une longue barbe blanche lui descendait sur la poitrine. Son air était vénérable, et sans doute parce qu'il trouvait quelque satisfaction à parler avec un Européen la langue italienne qu'il avait presque oubliée depuis quarante ans d'absence de Rome, le plaisir étincelait dans ses yeux, et il m'accablait de compliments. Il m'a quitté un instant, s'est enfoncé dans un réduit obscur qu'il nomme sa cave, en est revenu avec une cruche de vin. Il en a versé plein une petite écuelle de bois, y a trempé les lèvres, et m'a prié de boire. La vue du vase me causait beaucoup de répugnance. J'aurais voulu refuser. Les droits de l'hospitalité me le défendaient. Il ne fallait pas mécontenter mon hôte. J'ai pris la coupe de sa main. J'ai bu à sa santé. Il a bu à la mienne, et m'a offert de recommencer. Je l'ai remercié. Je me rappelais que Philémon et Baucis n'occupaient qu'une étroite chaumière, que leur table n'avait que trois pieds; mais leurs vases, dans leur simplicité, étaient nets et luisants, et partout la propreté servait de voile à l'indigence. Mon bon vieillard était aussi pauvre que ce couple vertueux. Il recevait ses hôtes avec autant de plaisir; mais sa natte en lambeaux, son toit enfumé, sa coupe couleur de suie, n'avaient rien qui recréassent l'odorat et les yeux. Je l'ai quitté en le remerciant de sa politesse. Il m'a promis de prier Dieu pour notre heureux voyage, et nous nous sommes séparés bons amis.

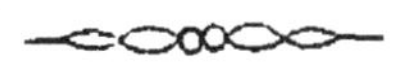

XV

Après trois jours de station dans le port de Symé, nous avons mis à la voile. Nous comptions remonter le golfe de *Cos*, nous élever au nord de l'île, et de là voguer vers Candie. Dans cette position, les vents d'ouest auraient cessé de nous être contraires. Mais un génie malfaisant nous attendait à l'ouverture du détroit. Deux fois il nous en a défendu l'entrée, deux fois il nous a repoussés vers *Nisiros*. Le capitaine a regardé cette opposition comme un arrêt du destin, et passant à la pointe méridionale de *Stanco*, a porté droit vers l'île de Crète. Le vent soufflait avec force de la partie du nord-ouest. Les vagues battaient violemment le flanc du navire, et quelquefois brisaient sur le pont avec fracas. Pendant la nuit nous avons eu une alarme. Une grosse lame est entrée dans la chambre du capitaine, où je couchais. Mon domestique, qui avait son lit à la porte, en a été inondé: il s'est éveillé en sursaut, s'est cru abîmé dans la mer, et a poussé un cri épouvantable. Je me suis levé avec effroi; et, voyant la chambre pleine d'eau, j'ai pensé que le vaisseau s'entr'ouvrait. Bientôt nous avons été rassurés. L'écoutille ouverte avait laissé entrer la vague. On l'a fermée, et nous sommes demeurés tranquilles.

Au point du jour, nous avons découvert l'île de *Dia*, vulgairement appelée *Standié*. C'est là qu'abordent les vaisseaux destinés pour Candie. Ils sont obligés d'y décharger une partie de leurs marchandises, parce que le port de la capitale, presque comblé depuis la conquête des Ottomans, ne peut pas recevoir des bâtiments de deux cents tonneaux en pleine charge. Nous voguions avec vitesse, et nous espérions enfin arriver au terme de nos désirs. Tout le monde était dans la joie, et l'on se félicitait d'avance. Nous n'avions pas pour une heure de route, lorsque tout-à-coup le vent a passé dans l'ouest, et est devenu très violent. Le navire a commencé à dériver, et au doux espoir a succédé la tristeste. Le capitaine a fait des efforts pour se maintenir à cette hauteur. Il a couru des bordées pendant lesquelles nous approchions assez de l'île de Crète pour découvrir la verdure qui descendait du sommet des coteaux jusqu'au bord de la mer. Cette vue charmante ne faisait qu'irriter nos désirs. Pendant deux jours et deux nuits, nous avons louvoyé devant *Standié*, sans pouvoir atteindre le port.

Le vent ayant renforcé, la mer est devenue furieuse. Les flots coulaient sur le pont. Le navire, trop chargé, gouvernait mal, et semblait prêt à être englouti; il disparaissait quelquefois au milieu des montagnes liquides qui le couvraient de toutes parts. Le capitaine, cédant à la fortune, a tourné vent arrière et a dirigé vers l'île de Casos. Alors nous avons marché avec beaucoup de vitesse, et dans peu d'heures les rochers qui forment la rade se sont découverts à nos regards. La mer y brisait avec un bruit horrible, et des flots d'écume s'élevaient à une grande hauteur. A mesure que nous avancions, le spectacle paraissait plus effrayant. Aucun des gens de l'équipage ne connaissait cette rade, de manière qu'en entrant ils ne savaient où mouiller. Ils ont voulu jeter l'ancre en-dedans de l'écueil situé à l'occident, et ont failli de nous faire périr. Nous nous sommes trouvés en un instant au milieu de brisants presque à fleur d'eau. Tout l'équipage a pâli. Sur-le-champ on a changé là barre du gouvernail, et nous n'avons évité le naufrage que de la longueur du navire. S'il n'eût pas obéi à la manœuvre, il se précipitait sur des rocs aigus qui l'auraient brisé en mille pièces. Une grosse barque qui était à l'ancre, derrière un îlot placé au nord de la rade, nous a sauvés en nous indiquant le vrai mouillage.

Voilà quarante-cinq jours, Madame, que nous tenons la mer. Toujours ballottés par les vents, chassés d'île en île, de contrée en contrée, nous cherchons Candie, comme Ulysse cherchait Ithaque. De jour en jour ses voyages acquièrent plus de vraisemblance dans mon esprit. Il est vrai que nos marins sont dignes des jours d'Homère. Au moindre mauvais temps ils courent se cacher dans un port. Depuis notre départ d'Alexandrie, un capitaine français aurait fait six fois le voyage de Crète.

XVI.

A Casos.

Il ne faut pas toujours, Madame, regarder comme un malheur les contrariétés que l'on éprouve en mer. Quelquefois les rigueurs de la fortune nous servent mieux que ses faveurs. Après avoir vu, pendant deux jours, les riants rivages de Crète, sans pouvoir y descendre; après avoir contemplé d'un œil d'envie leur verdure, leurs paysages, je murmurais contre le vent qui nous avait forcés d'y renoncer, et notre relâche dans la rade de Casos me semblait une infortune. Depuis que j'ai fait connaissance avec les habitants, j'ai changé de langage, et le vent peut nous retenir ici longtemps, avant que je forme le moindre vœu pour qu'il change.

« Casos (1) est une des Cyclades.... Elle reçut » son nom de Caso, père de Cléomaque. Cette » petite île envoya une colonie sur le mont Casius, » dépendant de la Syrie. Casos, dit Strabon, est » éloignée de Carpato (aujourd'hui Scarpanto) de » deux lieues et demie, et de neuf de Samonium (2), » promontoire de Crète. Elle a trois lieues de » circuit, avec une ville de même nom, et plusieurs » îlots dans les environs. » Pline donne des distances bien différentes, mais il se trompe. J'ai vu les lieux, et je crois devoir prononcer en faveur de l'exactitude de Strabon.

Le lendemain de notre mouillage, j'étais impatient de visiter l'île. On mit la chaloupe à la mer, et nous voguâmes vers les rochers qui l'entourent. Nous ne savions où descendre. Tout le circuit était hérissé de pointes menaçantes que les flots mugissants blanchissaient de leur écume. De quelque côté que nous portassions les regards, Casos paraissait inabordable. Un habitant aperçut notre embarras. Il descendit du village, en nous indiquant avec un mouchoir le lieu vers lequel nous devions diriger

(1) Les capitaines français, qui ont corrompu son nom, l'appellent l'île du Gaze.

(2) Ce promontoire, situé à l'orient de l'île de Crète, s'appelle aujourd'hui le cap Salomon.

notre course. Nous y parvînmes, après avoir côtoyé le rivage l'espace d'une lieue. En cet endroit, le terrain s'abaisse et forme un vallon, à l'extrémité duquel on a creusé un petit bassin propre à recevoir des bateaux. L'entrée n'a que douze pieds de largeur et est d'un très difficile accès. Il faut passer droit au milieu avec beaucoup de justesse. Si la barque touche les bords, composés de rocs anguleux, elle court risque de voler en éclats. Ajoutez à cela que, lorsque nous nous présentâmes devant l'ouverture, une houle violente y refoulait. Le Casiote appela un de ses compatriotes; ils se mirent chacun d'un côté, et nous firent signe de forcer de rames. Au moment où la chaloupe entrait dans la passe dangereuse, ils l'empêchèrent, avec de longues perches, de heurter contre les rochers, et la conduisirent dans le port. Ce passage est le seul par où l'on puisse descendre dans l'île. Les habitants pourraient l'élargir, mais ils aiment mieux courir quelques dangers, et avoir moins à craindre de leurs ennemis.

Le Casiote qui nous avait enseigné le port nous invita poliment à monter au village. Nous le suivîmes avec plaisir. J'étais habillé à la française, portant épée, chapeau, et tout l'habillement national. La nouvelle se répandit bientôt qu'il arrivait des étrangers. Les femmes, les enfants sortirent de leurs maisons, et vinrent nous attendre au haut de la colline. Elles montraient beaucoup de curiosité, et nous examinaient avec attention. Lorsque nous passâmes devant elles, toutes baissèrent modestement les yeux. Quelques-unes nous saluèrent, en nous souhaitant le bonjour, et en nous disant : Soyez les bien arrivés! Nous leur répondîmes à l'orientale : Que ce jour soit heureux pour vous et pour vos hôtes!

Le guide qui nous avait amenés était un des principaux habitants de l'île. Il me pressa d'entrer chez lui, et m'introduisit dans une salle qui, sans être magnifiquement meublée, annonçait partout la propreté et l'aisance. Un sopha régnait à l'entour. Il me fit asseoir sur une estrade élevée, et se plaça au bas, tandis que l'on préparait le déjeûner. Bientôt son épouse et sa fille parurent portant à la main des œufs frais, des figues et du raisin. La jeune Casiote rougissait devant un étranger qui sans doute lui paraissait vêtu d'une manière extraordinaire. Tandis que nous déjeunions de bon appétit, et que mon hôte me versait d'excellent vin dans un large verre, la plupart des femmes du village vinrent lui faire visite, nous saluèrent, et s'assirent sans façon autour de l'appartement. La curiosité les conduisait. Elles commencèrent bientôt à chuchoter ensemble, et à détailler toutes les parties du vêtement français. Rarement il aborde des Européens dans cette île solitaire. Des yeux accoutumés à voir des têtes rases entourées d'un châle, de longues robes relevées d'une ceinture, des mentons barbus, regardaient avec étonnement de longs cheveux tressés, un visage sans moustache, un chapeau cornu, et des habits courts qui ne descendent qu'au genou. Ce contraste paraissait les frapper beaucoup. Le sourire qui échappait quelquefois de leurs lèvres annonçait vraisemblablement des remarques plaisantes. De mon côté, je ne les observais pas avec moins de plaisir.

Toutes les femmes, qui nous honoraient de leur présence, étaient semblablement vêtues. Toutes portaient le corset, la ceinture, la longue robe de coton. La seule différence consistait dans la broderie, qui variait suivant les goûts, et dans la manière d'attacher les cheveux. Les unes les laissaient flotter sur leurs épaules en une ou plusieurs tresses; les autres les attachaient au sommet de la tête, et ils retombaient sur le col.

Lorsque le déjeuner a été fini, ces femmes se sont retirées. Mon hôte m'a conduit dans un autre appartement, et pour me donner de la confiance dans les Casiotes, et surtout dans sa personne, il a tiré d'un coffre un certificat signé par deux capitaines provençaux, et m'a prié de le lire.

L'un disait : « Français que la tempête jettera » dans cette île, fiez-vous à ses habitants. J'ai fait » naufrage sur ces rochers, et ils m'ont fourni tous » les secours que des hommes se doivent dans un » semblable malheur. »

L'autre disait : « J'avertis mes compatriotes » que le hasard fera aborder dans l'île du Gaze » d'être sur leurs gardes, et de se défier des » habitants. Ce sont des fripons, des voleurs, et » les étrangers ont tout à craindre de leur mé- » chanceté. »

Je remis ce singulier écrit à mon hôte d'un air satisfait, et lui dis que je n'avais pas besoin de ces témoignages pour croire à son honnêteté. Il le serra précieusement, croyant posséder un trésor, et cette assurance me fit bien juger de lui. Il est vrai qu'il en ignorait le contenu, et que le second capitaine l'avait trompé. Je ne voulus pas détruire une erreur qui lui paraissait chère. D'ailleurs ce certificat ne pouvait qu'occasionner une défiance utile à ceux qui le tiraient. Pour moi, je m'en tins au premier témoignage, et continuai de vivre familièrement avec les Casiotes. Ma seule précaution fut de ne paraître au milieu d'eux que suivi d'un domestique, et bien armé. Ces soins étaient inutiles. Je n'éprouvai de leur part que de bons traitements.

Désirant connaître l'île, je partis du village, et dirigeai ma course vers la plus haute montagne. J'y parvins après une heure de marche. On découvre de là Carpatho, qui paraît fort peu éloignée, et dont la côte se prolonge de l'est à l'ouest. En face du village, trois îlots situés à l'orient, à l'occident et au nord, forment cette rade immense où nous étions mouillés. Ils sont incultes, et ne produisent que des broussailles. Au-dessous de la hauteur où j'observais est une petite chapelle entourée de quelques figuiers. De cet endroit part une chaîne de collines qui, se recourbant en demi-cercle, laissent au milieu une plaine d'une lieue de circuit. Elle a été défrichée par les habitants avec des peines infinies. Ils en ont arraché des quartiers de rocher et des monceaux de pierres qui forment des murs de clôture. Tout cet espace est divisé en compartiments partagés entre les Casiotes. Ils y sèment de l'orge et du blé au commencement de la saison pluvieuse, qui dure depuis octobre jusqu'en février. Les pluies ne sont pas continuelles, mais il n'en tombe que pendant ces mois. Le reste de l'année l'air est pur et serein. Tous les jours y sont beaux, toutes les nuits étoilées. Les vents de mer y tempèrent les chaleurs, et sous un si beau ciel on jouit d'une température délicieuse et d'une santé presque inaltérable. La pente des coteaux est couverte de vignobles qui donnent un vin fort agréable. J'admirai comment ces industrieux colons avaient pu cultiver des rochers à peine recouverts de quelques pouces de terre, et je me réjouissais en songeant qu'ils étaient payés de leurs travaux, et que l'île fournissait à leur subsistance.

Lorsque j'eus satisfait ma curiosité, je revins à mon hôtel. On m'attendait pour dîner. Une poule au riz, des œufs frais, des pigeons excellents, du fromage et de bon vin, me dédommagèrent des mauvais repas que j'avais faits à bord. Les hommes dînèrent ensemble, assis en rond sur le tapis. Les femmes étaient dans un appartement séparé. C'est l'usage, et, quoiqu'il ne fût pas du goût français, il fallait s'y soumettre. Vers la fin du repas, on fit passer la coupe de main en main. On but à mon bon voyage, et je bus à la prospérité des Casiotes. La gaieté s'empara de tous les convives, et régna pendant tout le repas.

Le lendemain je parcourus le village; il est composé d'une centaine de maisons habitées chacune par une famille. Toutes sont construites en pierre, et solidement bâties. Elles contiennent ordinairement deux ou trois salles basses, avec un couple de chambres au-dessus; chacune a son four et sa citerne taillée dans le roc à la pointe du ciseau. On les remplit pendant la saison pluvieuse, et l'eau s'y conserve pure et limpide. Outre cela, cent pas au-dessous de l'habitation, on trouve une belle source qui coule toute l'année.

J'entrai dans plusieurs maisons où je trouvai des femmes occupées à filer, à broder, et d'autres à faire ces belles toiles dont elles se vêtissent. Leurs métiers sont petits, mais bien entendus. Elles travaillent avec beaucoup d'adresse. Partout je vis l'activité, l'industrie, et une propreté charmante; ayant été favorablement accueilli par quelques-unes, je liai conversation avec elles, et leur demandai pourquoi on voyait tant de jeunes personnes dans leur île et si peu d'hommes (je n'en avais rencontré que cinq ou six). Elles me répondirent que, pendant le printemps, l'été, et une partie de l'automne, les Casiotes naviguaient. « Ils commercent, ajoutaient-» elles, dans l'Archipel, viennent de temps en » temps apporter les provisions dont leurs familles » ont besoin, mais ils ne passent que l'hiver avec » elles. Ils ensemencent les campagnes au mois de » novembre, font la récolte en mars, et aussitôt » après ils retournent en mer. Les productions que » l'île fournit n'étant pas assez abondantes pour » nourrir ses habitants, ils sont forcés d'en tirer » d'ailleurs. Avec ce secours, si nous ne sommes » pas riches, au moins nous vivons dans une douce » médiocrité. Les garçons accompagnent leurs pères » et deviennent marins. Durant leur absence, nous » filons le coton que vous voyez, et nous tissons » une partie de leurs vêtements et des nôtres. »

Pendant mes visites, j'admirais l'ordre et la

sagesse de cette petite république, la paix et l'union qui règnent entre ses membres, et surtout cette joie douce, ce contentement qui paraissaient sur leurs visages. Heureux peuple, me disais-je ! l'ambition et l'intrigue ne troublent point ta tranquillité ; la soif de l'or n'a point corrompu tes mœurs ; les querelles, les dissensions, les crimes dont elle remplit la terre, te sont inconnus!

Cependant, pour la vérité de l'histoire, je suis obligé de convenir que, ayant eu des entretiens particuliers avec quelques-unes des Casiotes, je leur fis un portrait flatteur du sort des Françaises. Je les représentai élégamment vêtues, souvent couvertes d'or, de soie et de diamants, portées dans des chars superbes, volant de fêtes en fêtes. Je ne leur avais peint que les roses d'une vie si délicieuse. Elles en parurent enchantées, soupirèrent sur elles-mêmes, regardèrent leur île en pitié, et auraient voulu se voir tout-à-coup transportées en France, tant le cœur humain est porté à quitter le bonheur dont il jouit pour se livrer aux brillantes chimères que l'imagination lui présente.

Un autre jour, je visitai deux sœurs qu'on disait très aimables. La tristesse régnait dans leur maison; au milieu de leurs occupations elles laissaient échapper des soupirs. Je sus que l'une d'elles venait de perdre l'époux qu'elle aimait. On disait que c'était le plus beau couple de l'île, et qu'après un mois de mariage l'infortuné jeune homme avait fait naufrage. « La mer, ajoutait-on, l'a dévoré en naissant, car » il n'avait pas atteint sa vingtième année. » La cadette, tendrement attachée à sa sœur, pleure avec elle.

Pendant mon séjour à Casos, il arriva une barque chargée de riz, de melons, de grenades et de fruits divers. Presque toutes les femmes descendirent la montagne; elles vinrent avec empressement recevoir, les unes un époux, les autres un père; celles-là un frère, un ami. Je n'ai jamais vu mieux exprimer le plaisir, la tendresse; elles les embrassaient avec transport, les serraient dans leurs bras, et bénissaient le ciel qui les rendait à leurs vœux. Tous les signes de la joie étaient prodigués de part et d'autre. Ce spectacle était vraiment attendrissant. Voilà, dis-je en moi-même, les anciens Grecs! voilà leur imagination vive toujours prête à s'enflammer! voilà cette sensibilité exquise qui les distingua de tous les peuples de la terre! ce rocher les a sauvés du joug des Turcs, et ils ont conservé leur antique caractère.

XVII

A Candie.

NOTRE relâche dans la rade de Casos est finie. Le capitaine, impatient de partir, a levé l'ancre au premier beau temps. Il semble que, ennuyé de le trouver sur les mers, le vent cette fois ait voulu le conduire à sa destination; il a soufflé droit en poupe et l'a poussé rapidement vers *Standié;* dans moins d'un jour nous avons dépassé la pointe de l'île, et sommes venus mouiller dans le port. Il était temps d'arriver. A peine avait-on jeté l'ancre, que le vent d'ouest a repris son empire, et que la mer est devenue furieuse. Un quart d'heure plus tard nous retournions à Casos, dont le souvenir restera longtemps gravé dans ma mémoire.

Dia, aujourd'hui *Standié*, est éloignée de quatre lieues de la ville de Candie; elle est absolument stérile; on n'y trouve ni village, ni habitants; les ronces, les buissons, les broussailles qui tapissent ses rochers servent de pâture aux chèvres sauvages qui y sont en grand nombre. Elles courent avec tant de vitesse à travers les précipices qu'il est presque impossible de les approcher. Nous leur avons donné la chasse plusieurs fois sans aucun succès.

Standié a trois ports où abordent les vaisseaux chargés pour Candie. Du sommet de la montagne nous découvrions la ville, mais la mer était si mauvaise qu'aucun bateau n'osait sortir pour nous tirer de cette prison; cependant le second jour de notre arrivée un Turc intrépide nous a abordés dans un petit canot; il nous a dit qu'on attendait depuis longtemps notre navire, qu'on l'avait déjà vu louvoyer dans ces parages, et qu'on craignait qu'il n'eût péri. Le gros temps continuait toujours et nous retenait sur les rochers déserts de Standié. Enfin, le quatrième jour, une barque nous est venus prendre et nous a conduits à la capitale environ deux mois après notre départ d'Alexandrie.

XVIII

A Candie.

TOUTES les fois, Madame, que, entraîné par le désir de connaître, le curieux veut remonter à l'origine des nations anciennes, la mythologie vient arrêter ses recherches, en lui présentant des dieux et des héros la plupart emblématiques. Leur histoire fabuleuse précède celle de tous les peuples célèbres; elle est moins intéressante pour nous, qui, avec bien des travaux, ne pouvons que conjecturer la vérité à travers le voile des allégories; mais elle avait un intérêt puissant pour les anciens. Si le peuple n'y voyait qu'une théologie sacrée, à laquelle il était obligé de soumettre sa raison, les philosophes initiés à ses mystères y reconnaissaient les opinions des savants sur la formation l'univers, l'astronomie, la physique et l'histoire naturelle.

Avant que nous parcourions l'île de Candie, souffrez, Madame, que nous visitions l'ancienne Crète. Les connaissances qu'elle nous procurera éclaireront nos pas pendant le voyage, et serviront à expliquer nombre de faits dont l'origine sans cela nous serait inconnue. Ce n'est qu'en rapprochant le passé du présent que nous pourrons concevoir une idée juste de cette contrée fameuse. Je sais, Madame, que c'est presque un ridicule de parler des anciens; qu'il faut ou les élever jusqu'aux nues, ou les déprimer à l'excès; mais la raison tient un juste milieu, et pèse les actions des hommes dans une égale balance; elle ne fait acception ni des siècles ni des personnes, et admire ou condamne avec impartialité ce qui mérite les éloges ou le blâme.

Les mythologistes crétois, cités par Diodore de Sicile, disent que les premiers habitants de leur île furent les Dactiles Idéens, qui vivaient autour du mont Ida. On les regarda comme des magiciens, parce qu'ils possédaient diverses connaissances, et et surtout la science des mystères sacrés. Orphée, qui se rendit si célèbre dans la poésie et la musique, fut leur disciple. Ils découvrirent l'usage du feu, du fer et du cuivre, et trouvèrent l'art de travailler ces métaux dans le mont Bérécynthe, près d'Aptère. Ces découvertes précieuses leur méritèrent les honneurs divins. L'un d'eux, appelé Hercule, se rendit fameux par son courage et ses grandes actions. Il institua les jeux olympiques, et ce n'est que par une équivoque de nom que la postérité attribua cette institution au fils d'Alcmène, qui, à la vérité, marcha sur les traces de son prédécesseur, et s'immortalisa comme lui.

Les Dactyles Idéens donnèrent naissance aux Curètes. Ceux-ci habitèrent d'abord les forêts et les antres des montagnes. Dans la suite, ils établirent la vie domestique, et contribuèrent par leurs institutions à civiliser les hommes. Ils leur enseignèrent à rassembler des troupeaux de moutons, à dompter la férocité des animaux sauvages pour les faire servir à leurs besoins, à profiter du travail des abeilles, en les réunissant dans des ruches. Ils leur apprirent l'usage de l'arc, et les formèrent à la chasse. Ils forgèrent l'épée, et furent les inventeurs des danses militaires. Le bruit qu'ils faisaient en dansant armés empêcha Saturne d'entendre les cris de Jupiter, dont Rhéa leur avait confié l'éducation. Ce fut dans un antre du mont Ida qu'ils élevèrent ce dieu avec le secours des Nymphes, le lait de la chèvre Amalthée, et le miel des abeilles.

Ici la mythologie crétoise place la naissance des Titans, leur habitation près de Cnosse, où l'on voyait le palais de Rhéa, leurs courses par toute la terre, leur guerre contre Ammon, et sa défense par Bacchus; les noces de Jupiter et de Junon, célébrées près du fleuve Thérène en Crète; les dieux, les déesses, les héros auxquels ils donnèrent le jour.

Les plus illustres de ces héros furent Minos et Rhadamante. Minos, devenu roi, bâtit plusieurs villes, dont les plus considérables sont Cnosse sur la côte qui regarde l'Asie, Phestus sur le rivage du midi, et Cydon vers l'occident, en face du Péloponèse. Il donna à ses sujets les lois admirables qu'il feignit avoir reçues de Jupiter, son père, dans la grotte du mont Ida.

Rhadamante se distingua par la souveraine équité de ses jugements, et par les châtiments irrémissibles dont il punissait les impies et les malfaiteurs. Il tenait sous sa domination de grandes îles, et presque toutes les côtes de l'Asie, qui s'étaient données à lui sur la réputation de sa probité. Les mythologistes l'ont établi juge des enfers, pour prononcer sur le sort des bons et des méchants. Ils lui ont décerné les mêmes honneurs qu'à Minos, le plus juste des rois.

Jusqu'ici j'ai suivi les traditions crétoises rapportées par Diodore ; mais les historiens ne s'accordent point entre eux. Il existe une foule d'opinions diverses sur les premiers habitants de Crète. Strabon, qui les a savamment discutées, dit, après plusieurs pages : « Je n'aime point les » fables ; cependant j'ai donné de longs détails sur » celles-ci, parce qu'elles tiennent à la théologie. » Toute dissertation sur les dieux doit peser les » opinions antiques, et les distinguer de la fable. » Les anciens se plurent à couvrir d'un voile leurs » connaissances sur la nature. Il n'est pas possible » d'expliquer toutes leurs énigmes. Mais en » exposant au grand jour les allégories nombreuses » qu'ils nous ont laissées, en examinant avec » attention leurs rapports, leurs différences, l'esprit » peut, à l'aide de la comparaison, découvrir la » vérité. »

Quittons la mythologie, et recherchons ce que l'histoire nous a laissé de moins incertain sur les divers peuples de Crète. Cette île célèbre reçut son nom de Crès, le premier de ses rois. Il était l'auteur de plusieurs découvertes utiles qui avaient contribué au bonheur de ses peuples. Animés par la reconnaissance, ils voulurent conserver le souvenir de ses bienfaits, et immortaliser son nom en le donnant à l'île.

Pour distinguer les vrais Crétois des étrangers, on les appella Etéocrètes. Une foule de peuplades vinrent s'établir dans l'île de toutes les parties de la Grèce. La beauté de son climat, la fertilité de son terroir, les invitaient à y former des habitations. Les Lacédémoniens, les Argiens, les Athéniens furent les principaux peuples qui y conduisirent des colonies. C'est ce qui fait dire à Homère : « Crète » est une grande île au milieu d'une mer orageuse. » Le sol y est gras et abondant. Elle contient un » peuple innombrable. Cent villes la décorent. Ses » habitants parlent des langues diverses. On y » trouve des Achéens, des Etéocrètes courageux, » des Cydoniens, des Doriens, et des divins » Pélasges. » Les Etéocrètes occupaient la partie méridionale; ils y avaient fondé la ville de Présus, et élevé un temple à Jupiter Dictoé.

Crès ne fut pas le seul monarque qui gouverna l'île de Crète. Il eut des successeurs. L'histoire est stérile à leur sujet. Elle a simplement conservé les noms de quelques-uns de ces rois, et un petit nombre de faits, mêlés de fables, arrivés sous l'empire des autres. Parmi ces souverains, on trouve deux Jupiter, deux Minos. Cependant la plupart des écrivains les confondent, et attribuent à un seul des actions qui devraient être partagées entre chacun d'eux. Cette réflexion regarde surtout Minos, que l'antiquité a jugé le plus sage des législateurs. La place qu'elle lui a assignée dans les enfers est un témoignage non équivoque de la réputation glorieuse qu'il s'était acquise par sa justice. Ce n'est pas sans raison, dit Platon, que la Grèce a adopté les lois de Crète, puisqu'elles sont fondées sur des bases solides, qu'elles rendent heureux, et comblent de biens les peuples qui leur sont soumis. Une de ces lois était conçue en ces termes : *Que jamais les Crétois ne boivent entre eux jusqu'à l'ivresse.* La suivante était bien propre à arrêter l'effervescence présomptueuse de la jeunesse : « Que les jeunes gens ne portent point » sur les lois une indiscrète curiosité ; qu'ils » n'examinent point si le législateur a eu tort ou » raison de les publier ; qu'ils s'écrient d'une voix » unanime : *Elles sont bonnes puisqu'elles viennent* » *des dieux.* Si quelqu'un des vieillards y trouve » des abus à réformer, qu'il en parle au magistrat, » ou qu'il en raisonne avec ses égaux, mais jamais » en présence des jeunes gens. » Ce code excellent était gravé sur des tables d'airain, et Talos, ministre de Minos, parcourait trois fois par an les villes et les bourgs pour en surveiller l'exécution. Le roi de Crète, sachant que le peuple a besoin du merveilleux pour croire, prétendit qu'il l'avait reçu de Jupiter, son père, dans la grotte du mont Ida. C'est ainsi que Lycurgue, avant de donner ses lois, se rendit à Delphes, et publia qu'il les tenait d'Apollon. C'est ainsi que Numa attribua les siennes à la nymphe Egerie, et Mahomet à l'archange Gabriel.

D'un autre côté, les anciens nous peignent Minos comme un prince livré à ses passions, et un conquérant barbare. Il fut le premier des Grecs qui parut sur la Méditerranée à la tête d'une armée navale. Il conquit les Cyclades, en chassa les Cariens, y fonda des colonies, et donna le gouvernement à ses fils. Ayant appris, tandis qu'il était à

Paros, que son fils Androgée venait d'être tué à Athènes, il déclara la guerre à Egée, et lui imposa le honteux tribut dont Thésée délivra son peuple. Il prit les armes contre Nisus, roi de Mégare, le fit prisonnier par la trahison de sa fille Scylla, et le mit à mort, ainsi que Mégare, fils d'Hippomène, qui lui avait apporté du secours. Dédale, contre lequel il était irrité, désespérant de fléchir un prince implacable, employa toutes les ressources de son génie pour échapper à son ressentiment. Il s'enfuit en Sicile, gagna la protection du roi Cocale, et obtint un asile à sa cour. Valérius Flaccus a peint cette fuite d'une manière brillante et pittoresque. « C'est ainsi que Dédale, devenu » oiseau, se précipita du mont Ida, retentissant » comme l'airain. Près de lui volait son compagnon » avec des ailes plus courtes. Ils semblaient un » nuage nouveau qui s'élève dans les airs. Minos, » voyant sa vengeance trompée, frémit de colère. » Ses regards se lassèrent vainement à suivre sa » proie dans l'immensité de l'espace. Les satellites » retournèrent à Gortyne avec leurs carquois » remplis de flèches. » Le roi de Crète n'abandonnait pas ainsi sa proie. Il arma une flotte, poursuivit le fugitif en Sicile, et périt devant les murs de *Camicum*.

Il est évident que ces actions ne peuvent convenir au monarque juste qui mérita de décider, dans les enfers, du sort éternel des bons et des méchants. On peut donc croire avec fondement que Minos le législateur est différent du conquérant; que l'ancien fut celui qui s'acquit une réputation immortelle de sagesse et de justice ; que le second soumit à sa puissance une grande partie des îles de l'Archipel, mais qu'emporté par ses passions il ternit sa gloire par la cruauté et la vengeance.

Je ne parlerai point ici, Madame, de Pasiphaé, de Thésée, d'Ariadne et du Minotaure. Leur histoire est liée à celle du Labyrinthe. Elle viendra naturellement lorsque je ferai mention de cette prison fameuse qui fut l'ouvrage de Dédale, et qui faillit d'être son tombeau. J'ajouterai, avant de finir cette lettre, quelques mots sur Idoménée, le dernier roi de Crète.

Ce prince avait conduit, de concert avec Mérion, quatre-vingts vaisseaux au secours d'Agamemnon. Homère nous a appris les exploits éclatants par lesquels il s'était distingué devant les murs de Troie. Avant de partir, il laissa le gouvernement de ses Etats à Leucus, son fils adoptif, et lui promit la main de sa fille Clisithère, s'il gouvernait avec sagesse pendant son absence. Ce jeune ambitieux ne conserva pas longtemps le souvenir des bienfaits dont il avait été comblé. S'étant fait un grand nombre de partisans, il aspira bientôt à la couronne. Son impatience ne put attendre qu'un hymen légitime la lui mît sur la tête. Voyant que le roi tardait à revenir, et se flattant peut-être qu'il périrait en combattant, il résolut de monter sur le trône. Mida, épouse d'Idoménée, et la princesse Clisithère, étaient un obstacle à ses désirs. Mais l'ambition ne connaît point de frein, et foule aux pieds les lois les plus sacrées. Ce barbare, ayant séduit le peuple et captivé les grands, immola dans le temple ces victimes infortunées. Lorsque Idoménée, chargé de lauriers, aborda sur la côte de Crète, Leucus, qui faisait tout trembler sous sa puissance, le poursuivit à main armée, et le força de remonter sur ses vaisseaux. Je sais qu'on raconte diversement la fuite d'Idoménée. Servius dit qu'il avait promis, dans une tempête, de sacrifier aux dieux le premier qui s'offrirait à ses regards, en abordant au rivage; que son fils s'étant présenté, il l'immola; que la peste étant survenue, les habitants regardèrent ce fléau comme un effet de la vengeance divine, et chassèrent ce père homicide; qui alla fonder Salente sur la côte de Messapie. Cette opinion me semble dépourvue de fondement. L'histoire ne dit point qu'Idoménée eut un fils. S'il y avait eu un rejeton de son sang, pourquoi aurait-il adopté Leucus? pourquoi lui aurait-il confié le gouvernement de l'île, en lui promettant la main de sa fille? Je croirais bien plutôt qu'il apporta la peste sur ses vaisseaux, en revenant du siége de Troie, comme l'assure Hérodote, et que Leucus se servit adroitement de ce prétexte pour écarter de l'île son légitime souverain. Au reste, il paraît que l'usurpateur ne jouit pas longtemps du fruit de ses crimes. Aussitôt après le départ d'Idoménée, on voit la monarchie éteinte, et l'Etat devenir républicain.

XIX

Il me reste, Madame, à vous entretenir de la république de Crète, qui mérita les éloges de Platon, que Lycurgue prit pour modèle de celle qu'il établit à Lacédémone, et qui se couvrit de gloire aux yeux de toute la Grèce. Strabon l'a jugée digne de son pinceau, et a consacré, dans son immortel ouvrage, les traits principaux qui la caractérisent. Leur singularité vous frappera sans doute. Vous trouverez une différence prodigieuse entre les principes de cette ancienne république et ceux de la plupart des gouvernements actuels; mais vous verrez avec plaisir une législation dont l'unique but fut de faire éclore dans le cœur de l'enfance le germe des vertus, de le développer dans l'adolescence, d'inspirer à l'homme fait l'amour de la patrie, de la gloire, de la liberté, et de consoler la vieillesse par la considération et l'estime attachées à la sagesse de ses conseils. Vous la trouverez occupée à former des amis tendres, des citoyens zélés, et d'excellents administrateurs. Ne pensez pas qu'elle employât beaucoup d'ordonnances pour produite ces avantages inestimables. Ils découlèrent naturellement d'une seule source, l'éducation publique sagement administrée. Les exemples qu'y recevait la jeunesse, les vertus dont elle était témoin, les faits mémorables dont elle entendait le récit, les applaudissements qui le suivaient, les distinctions accordées au courage, aux belles actions, l'opprobre imprimé au vice, voilà les seuls ressorts qu'employa le législateur crétois pour former une nation sensible, guerrière et vertueuse. J'ose dire que ces ressorts, puisés dans la connaissance du cœur humain, suffiraient pour faire fleurir les mœurs dans toute espèce d'Etat; les mœurs sont la chose dont les gouvernements doivent le plus s'occuper.

Le gouvernement crétois, aussitôt après la fuite d'Idoménée, devint aristocratique. Sa forme mixte était composée de la volonté du peuple et de celle des chefs. Cependant, comme les grands occupaient les premiers emplois, ils avaient la principale part à l'administration. Chaque année, dans une assemblée nationale, dix magistrats étaient élus à la pluralité des voix. On les nommait *Cosmoi*, et ils remplissaient les mêmes fonctions que les Ephores à Sparte. Ils présidaient à la guerre, et réglaient les affaires les plus importantes. Ils avaient le droit de choisir des vieillards pour conseillers. Ces vieillards, au nombre de vingt-huit, composaient le sénat de Crète. On les prenait parmi ceux qui avaient exercé la charge de *Cosmoi*, ou qui se distinguaient par un mérite éminent et une probité sans tache. Ces sénateurs étant perpétuels, jouissaient d'une haute considération, et l'on ne décidait rien sans les avoir consultés. C'était une barrière que la sagesse du législateur opposait à l'ambition de ces dix chefs. Il avait encore borné leur puissance en fixant à une année la durée de leur administration. Sa prévoyance s'était étendue plus loin. Il est possible que la séduction détermine les suffrages du peuple : ainsi son choix pouvait quelquefois tomber sur un sujet indigne d'un poste honorable. Si cet événement arrivait, celui qui déshonorait la dignité de *Cosmoï* était destitué dans une assemblée de la nation, ou simplement de ses collègues. Voilà sans doute ce qui fait dire à Platon : « La république qui s'approche trop de l'état » monarchique, et celle qui affecte une liberté » trop étendue, n'ont point pour base une juste » modération. O Crétois ! ô Lacédémoniens ! vous » avez évité ces deux écueils, en établissant les » vôtres sur des fondements plus solides. »

Je viens d'exposer à vos yeux, Madame, ce qui a rapport à l'administration crétoise. Vous voyez combien elle est simple. Un peuple libre, mais trop peu éclairé pour se conduire lui-même, nomme des magistrats aux mains desquels il remet son autorité. Ces chefs, revêtus de la puissance royale, élisent des sénateurs pour les éclairer de leurs conseils. Ces conseillers ne peuvent rien décider par eux-mêmes, mais ils sont perpétuels, et cette stabilité assure leur crédit, et étend leurs lumières. Un intérêt puissant engage les chefs de la république à parcourir glorieusement leur carrière. D'un côté, la crainte du déshonneur les arrête ; de l'autre, l'espoir de devenir un jour membres du conseil national les excite.

Examinons maintenant les moyens employés par le législateur pour former des citoyens. Tous les Crétois étaient soumis à leurs magistrats, et divisés en deux classes, celle de l'âge viril, et celle de la jeunesse. Les hommes faits entraient dans la première.

Les jeunes gens parvenus à leur dix-septième année composaient la seconde. La société des hommes dans des édifices publics prenait ses repas en commun. Là le chef, le magistrat, le pauvre, le riche, assis ensemble, avaient le même breuvage, la même nourriture. Un vase rempli de vin mêlé d'eau, que l'on passait à la ronde, était l'unique boisson des convives. Les vieillards seuls avaient le droit de demander un surcroît de vin. Près du lieu où les citoyens étaient rassemblés, on dressait deux tables appelées hospitalières; tous les voyageurs et les étrangers qui se présentaient y étaient admis; ils avaient aussi une maison particulière où ils pouvaient passer la nuit.

Pour fournir aux dépenses publiques, chaque citoyen était obligé d'apporter en commun la dixième partie de ses revenus. Les préfets des villes se chargeaient de la distribution générale. En Crète, dit Aristote, une partie des fruits de la terre, des troupeaux, des revenus de l'Etat, des impôts, est consacrée aux dieux; l'autre, aux classes qui partagent la société; de manière que les hommes, les femmes, les enfants, sont nourris aux dépens du public.

Après le dîner, les chefs avaient coutume de s'entretenir ensemble, et de consulter sur les affaires de la république; ils racontaient ensuite les belles actions faites dans les combats; ils exaltaient le courage des plus illustres guerriers, et exhortaient les jeunes gens à la vaillance. Ces assemblées étaient la première école de l'enfance. A sept ans on mettait l'arc à la main du Crétois; dès lors il était reçu dans la société des hommes, et il n'en sortait qu'à l'âge de dix-sept. Là, assis par terre, et vêtu d'un habit simple qu'il gardait toute l'année, il servait les vieillards, et écoutait en silence leurs avis ; son jeune cœur s'enflammait au récit des hauts faits d'armes, et il brûlait de les imiter. Il se faisait une habitude de la sobriété et de la tempérance ; ayant sans cesse devant les yeux des exemples de modération, de sagesse, de patriotisme, il recevait le germe des vertus, avant même d'avoir l'usage de raison.

On l'accoutumait de bonne heure aux armes et à la fatigue, afin qu'il pût endurer la chaleur, le froid, franchir les monts et leurs précipices, et supporter courageusement les coups qu'il recevait dans les gymnases et les combats. Son éducation ne se bornait pas aux exercices gymnastiques; on l'instruisait à chanter avec une sorte de mélodie les lois écrites en vers, afin que le plaisir de la musique les lui gravât plus facilement dans l'esprit, et que, s'il péchait contre elles, il ne pût s'excuser sur son ignorance. Il apprenait ensuite des hymnes en l'honneur des dieux, et des poèmes faits à la louange des héros. Parvenu à sa dix-septième année, il quittait la société des hommes, et entrait dans celle de la jeunesse.

Là continuait son éducation; il s'exerçait à la chasse, à la lutte, et à combattre avec ses compagnons. La lyre jouait des airs dont le rhythme était usité à la guerre, et il fallait en suivre exactement la mesure. Ces jeux n'étaient pas toujours sans danger, puisqu'on s'y servait quelquefois d'armes de fer ; une danse où la jeunesse tâchait surtout d'exceller était la pyrrhique inventée en Crète ; les danseurs portaient l'habit de guerre : c'était une casaque courte et légère, qui ne descendait qu'au genou, et qui était serrée par une ceinture à double tour ; un brodequin formait leur chaussure ; ils étaient couverts de leurs armes, et figuraient au son des instruments diverses évolutions militaires. « Les Lacédémoniens et les Crétois, dit » Libanius, cultivaient la danse avec un zèle éton- » nant ; ils la regardaient comme un exercice » nécessaire ordonné par la loi, et il était presque » aussi déshonorant de l'abandonner que de quitter » son poste pendant la bataille. »

Il était permis aux Crétois riches et d'une illustre naissance de former des sociétés de jeunes gens de leur âge. C'était à qui aurait la plus nombreuse ; pour l'ordinaire, le père de celui qui l'avait rassemblée y présidait ; il avait droit d'instruire cette jeunesse guerrière, de l'exercer à la course, à la chasse, et de décerner des peines ou des récompenses.

L'amitié était en grand honneur parmi les Crétois ; mais, dit Strabon, leur manière d'aimer est fort extraordinaire ; au lieu de la douce persuasion, ils emploient le rapt pour gagner des amis. Celui qui chérit secrètement un jeune homme de son âge, et qui désire se l'attacher par des liens indissolubles, forme le projet de l'enlever ; il en fait part à ses compagnons trois jours avant l'exécution ; ceux-ci ne peuvent ni le cacher, ni l'empêcher de sortir, parce qu'ils sembleraient avouer qu'il ne mérite pas un tel excès d'amour. Au jour marqué ils se réunissent ; si le ravisseur leur paraît d'un mérite égal ou supérieur à son ami, ils font semblant de s'opposer à l'enlèvement pour satisfaire la loi, et le favorisent ensuite avec joie ; si au contraire ils ne le jugent pas digne du choix qu'il a fait, ils l'empêchent d'exécuter son dessein. La résistance simulée dure jusqu'à ce que le jeune homme aït conduit sa proie à l'assemblée dont il est membre. Ils ne regardent pas comme le plus aimable celui qui surpasse les autres en beauté, mais celui qui se distingue par sa bravoure et sa modestie.

Le ravisseur comble de bienfaits son jeune ami, et le mène partout où il désire ; il marche accompagné de ceux qui ont favorisé son larcin ; il le conduit de fête en fête, lui procure les plaisirs de la chasse, de la bonne chère, et, après s'être efforcé pendant deux mois de gagner son cœur, il le ramène à la ville, et est obligé de le rendre à ses parents. Auparavant il lui fait présent de l'habillement guerrier, d'un bœuf et d'un vase : ce sont les dons accoutumés et légitimes ; quelquefois sa générosité s'étend au-delà, et il lui offre des présents somptueux, à la dépense desquels ses compagnons contribuent. Le jeune homme immole le bœuf à Jupiter, et donne un festin à ceux qui ont assisté à son enlèvement. Il prononce alors sur ses liaisons avec son ravisseur, et déclare si elles lui sont agréables ou non. S'il avait à se plaindre de sa conduite, la loi lui permet de quitter un ami indigne de ce nom, et d'exiger qu'il soit puni.

Il serait honteux, ajoute Strabon, pour un jeune homme beau et d'une illustre naissance de n'avoir point d'ami, parce qu'on en rejetterait la faute sur ses mœurs. Ceux qui ont été enlevés reçoivent des honneurs publics. Ils ont les premières places à la course et dans les assemblées. Il leur est permis de porter le reste de leur vie le vêtement qu'ils doivent à la tendresse, et cette marque distinctive annonce à tout le monde qu'ils ont joui d'une amitié distinguée.

Lorsque les jeunes gens avaient fini leurs exercices et atteint l'âge fixé par la loi, ils entraient dans la classe des hommes faits; alors, devenus membres de la société, ils avaient leur voix dans les assemblées nationales, et pouvaient parvenir à toutes les charges de la république. Dès lors ils étaient forcés de se marier; mais ils attendaient, pour conduire chez eux leurs épouses, qu'elles se fussent rendues capables de l'administration domestique. Tels sont, madame, les principaux caractères du gouvernement crétois. « Le législateur, » dit Strabon, avait considéré la liberté comme le » plus grand bien dont les villes puissent jouir. En » effet, elle seule assure la propriété des citoyens. » La servitude au contraire la détruit. Il importe » donc aux hommes de conserver leur liberté; » la concorde cimente son empire, et on la voit » fleurir partout où l'on a éteint le germe des » dissensions. Presque toutes ont leur source » dans la soif des richesses et dans l'amour du » luxe. Opposez à ces passions la frugalité, la » modération, l'égalité, et vous détruirez l'envie,

» la haine, l'injustice et les mépris qui affligent le » genre humain. » Voilà précisément ce que le législateur de Crète exécuta ; aussi sa république, riche, puissante et fortunée, mérita les éloges des plus célèbres philosophes de la Grèce ; mais le plus bel hommage qu'elle reçut fut d'avoir fourni à Lycurgue le modèle de celle qu'il établit à Lacédémone.

XX

La république de Crète, dont l'antiquité, ainsi que vous l'avez vu, Madame, remonte au siége de Troie, fleurit jusqu'au siècle de Jules César. Aucune autre n'a joui d'un règne aussi long. Le législateur, en fondant le bonheur des Crétois sur la liberté, avait établi des lois propres à former des hommes capables de la défendre. Tous les citoyens étaient soldats ; tous étaient exercés dans l'art de la guerre. C'était chez eux qu'on allait en prendre des leçons. « Philopœmen, dit Plutarque, incapable de » languir dans l'oisiveté, et brûlant du désir de » s'instruire dans le métier des armes, s'embarqua » pour l'île de Crète ; après s'y être exercé long- » temps parmi des hommes belliqueux, savants dans » l'art des combats, et accoutumés à mener une vie » sobre et austère, il revint vers les Achéens. Les » connaissances qu'il avait acquises le firent tellement » distinguer que sur-le-champ il fut nommé général » de la cavalerie.

D'un autre côté, le législateur, persuadé que les conquêtes sont ordinairement de grandes injustices, que souvent elles affaiblissent la nation victorieuse, et corrompent presque toujours ses mœurs, s'était forcé d'en détourner les Crétois. Les productions abondantes de leur île fournissaient à leurs besoins. Ils pouvaient se passer des richesses étrangères qui avec le commerce eussent amené le luxe, et les vices qui marchent à sa suite; il sut, sans le défendre expressément, en inspirer le dégoût. Les jeux gymnastiques qui occupèrent les loisirs de l'ardente jeunesse, les plaisirs de la chasse auxquels elle se livra, l'amitié qu'il présenta à ses yeux comme une divinité, les spectacles publics qui rassemblèrent les diverses classes de la société, et où les femmes étaient admises, l'amour de l'égalité, de l'ordre de la patrie, dont il enflamma tous les cœurs, les institutions sages qui firent d'une nation une seule famille, tous ces liens attachèrent les citoyens à leur île, et trouvant chez eux le bonheur qu'ils désiraient, ils ne songèrent point à chercher au-dehors une gloire imaginaire, et à soumettre d'autres peuples à leur empire. Aussi, depuis que cet Etat eut pris la forme républicaine jusqu'au moment où Rome l'attaqua, on ne vit jamais la nation en corps porter les armes chez un peuple étranger. Cette modération est unique dans l'histoire, et les Crétois seuls en ont mérité la gloire. A la vérité les particuliers pouvaient aller combattre hors de leur patrie. Les princes et les rois, qui connaissaient leur valeur et leur adresse à tirer de l'arc, les soudoyaient à l'envi; tous s'efforçaient d'avoir dans leurs armées un corps de sagittaires crétois. Dans le monde entier il n'y eut point d'archers plus célèbres qu'eux. Les flèches de Gortyne, dit Claudien, dirigées par un arc heureux, portent des blessures certaines; jamais elles ne manquent le but.

Si les villes nombreuses qui florissaient en Crète n'unirent point leurs efforts pour asservir les îles voisines, en les couvrant du sang de leurs habitants, elles ne furent pas assez sages pour conserver la paix entre elles. La discorde y alluma souvent son flambeau. Les plus puissantes voulurent dominer sur les autres; Cnosse et Gortyne, tantôt alliées, marchèrent sous les mêmes drapeaux, renversèrent les forteresses de leurs voisins, et les soumirent à leur empire; quelquefois ennemies, elles s'attaquèrent mutuellement, et virent périr dans ces guerres civiles leur plus florissante jeunesse. Lyctos et Cydon opposèrent une digue inébranlable à leur ambition, et conservèrent leur liberté. Cette dernière avait acquis une telle puissance qu'elle faisait pencher la balance en faveur du parti pour lequel elle se déclarait. Ces guerres civiles causèrent la ruine de plusieurs villes, et ensanglantèrent la patrie de Jupiter.

A quoi doit-on attribuer ces dissensions intestines? Une partie de l'île était occupée par les Etéocrètes, ses habitants naturels. Des colonies d'Athènes, de Sparte, d'Argos et de Samos se joignirent à eux pour la peupler. Peut-être que les anciennes haines qui divisèrent ces étrangers, ayant laissé dans les cœurs des feux mal éteints, n'attendaient qu'une circonstance pour s'enflammer de nouveau; on pourrait croire aussi que les plus puissants d'entre eux, se confiant à leurs avantages, furent tentés d'en profiter, et regardèrent la force comme un droit; enfin cette jeunesse bouillante, accoutumée aux exercices militaires, était toujours prête à voler aux combats. Voilà probablement les raisons qui mirent les armes à la main à des peuples soumis aux mêmes lois, aux mêmes usages, et à la même religion. Quoi qu'il en soit, les Crétois, persuadés que la victoire dépendait de l'union des soldats, paraient superbement les plus beaux jeunes gens de l'armée, et les faisaient sacrifier à l'amitié avant le combat. Il est des pays où, dans de semblables circonstances, on devrait forcer les chefs de sacrifier à la concorde. Si le sacrifice était sincère, il conserverait leur gloire, et empêcherait que des flots de sang humain fussent inutilement versés pour l'Etat.

L'amour de la guerre n'avait point étouffé dans le cœur des Crétois cette sensibilité exquise qui fait chérir les beaux arts. « Les Crétois, dit Sozomène, » firent éclater leur munificence envers Homère, » en lui donnant mille écus; et se glorifiant d'une » générosité que l'on ne pouvait surpasser, ils » inscrivirent ce don sur une colonne publique. » En Crète, ajoute Ptolémée, les hommes sont encore plus curieux de cultiver leur esprit que d'exercer leur corps. Aussi, lorsque la discorde régnait parmi eux, souvent la voix de la sagesse et le charme de la poésie les ramenèrent à la raison. Thalès de Gortyne, qui instruisit Lycurgue, fut un de leurs plus célèbres philosophes; poète et législateur, il se servit heureusement de ses talents et de ses connaissances pour éteindre parmi ses concitoyens le feu des dissensions. « Ses poésies étaient » des discours en vers qui rappelaient le peuple à « la concorde et à l'obéissance; il avait su renfermer » dans un mètre exact toute la gravité de son sujet, » tempérée par le doux attrait du sentiment. Tel » était l'effet de ses poésies, que les auditeurs, » dont l'esprit, le cœur et l'oreille étaient également » flattés, déposaient peu à peu leur animosité. » Bientôt, cédant à l'amour de la paix, dont il » peignait les avantages, ils oubliaient leurs haines » intestines, et se rangeaient sous l'étendard de la » concorde. » On dit que ce sage inventa les airs propres aux danses militaires et à la pyrrhique crétoise. Des hommes sur lesquels la poésie et la musique avaient autant d'empire, étaient dans l'usage de marquer les jours heureux par des cailloux blancs, et les malheureux par des noirs. L'année révolue, ils examinaient combien il s'en trouvait de blancs, et ne croyaient avoir vécu que ce nombre de jours; car ils ne comptaient la vie que par leurs plaisirs. Voilà pourquoi ils faisaient écrire sur leurs tombeaux : *Il a vécu tant de jours; il en a duré tant.*

Dans les âmes sensibles et généreuses, la gloire s'éveille facilement. On voit les Crétois courir aux solennités fameuses de la Grèce, et remporter la palme aux jeux Olympiques, Néméens, Pythiens; d'autres, favorisés des Muses, mirent en vers héroïques les oracles des prophètes, et composèren divers poèmes où ils célébrèrent les hauts faits des héros. Plusieurs se rendirent célèbres dans l'histoire. On rapporte que le plus ancien combat fut celui où l'on proposa un prix au poète qui chanterait le mieux un hymne à Apollon. Chrysothémis de Crète chanta et remporta la victoire.

Le temps a dévoré presque tous leurs ouvrages ; et si Pindare n'avait pas conservé quelques-unes de leurs couronnes, on ne saurait pas même le nom des vainqueurs qui les ont portées. Le temple de Diane à Ephèse, bâti par Ctésiphon et son fils Métagènes, tous deux Crétois, n'a pas duré davantage. Ces habiles architectes l'avaient construit sur les proportions de l'ordre Ionique ; ils avaient réuni au choix des marbres, à la beauté de l'architecture, à la majesté de l'édifice, à la noblesse et à la perfection de l'ensemble, la solidité qui seule peut leur ajouter du prix. Leur nom est passé à la postérité ; mais les marbres, les colonnes du monument qui les immortalisa, ont été dispersés ou détruits, et à peine reste-t-il quelques traces d'une des sept merveilles du monde.

Les nations passent sur la terre comme les monuments de leur puissance, et après quelques siècles à peine reconnaît-on dans leurs descendants l'empreinte de leur antique caractère. Les unes subsistent plus longtemps, les autres moins, et l'on peut presque toujours calculer leur durée sur la bonté de leurs lois et leur fidélité à les observer. La république de Crète, établie sur des fondements solides, n'a, pendant plus de dix siècles, reconnu aucun maître étranger. Elle repoussa généreusement les fers des princes qui tentèrent de l'asservir. Enfin le temps arriva où les Romains, fiers de leurs victoires et de leurs forces, affectèrent l'empire du monde, et ne voulurent plus voir dans l'univers que des sujets ou des esclaves. Florus ne dissimule point que l'ambition et le désir de soumettre la patrie fameuse de Jupiter furent les seuls motifs qui portèrent les Romains à l'attaquer. « Si l'on veut savoir la vraie cause de la guerre de Crète, dit-il, nous » l'avons entreprise par le seul désir de subjuguer » cette île célèbre ; elle paraissait avoir favorisé » Mithridate. Il plut à Rome de venger cette » prétendue insulte en lui déclarant la guerre. » Marc-Antoine (le père du Triumvir), l'attaqua » avec une grande confiance de succès ; il fut puni » de son orgueil et de sa lâcheté. Les ennemis » interceptèrent une grande partie de sa flotte, et » pendirent les captifs aux mâts, enveloppés de » cordes et de voiles. C'est ainsi que les Crétois » rentrèrent triomphants dans leurs ports. »

Rome ne pardonnait point une défaite. Aussitôt que la guerre de Macédoine fut terminée elle s'arma pour la vengeance. Quintus Metellus fut envoyé en Crète avec une armée formidable. Il y éprouva la plus grande résistance. Panare et Lasthène, deux chefs expérimentés, ayant rassemblé vingt mille jeunes gens, ardents dans les combats, et d'un courage déterminé, employèrent avec succès leurs armes et leurs flèches, et balancèrent pendant trois années entières le destin des Romains. Ces conquérants ne purent s'emparer de l'île qu'après avoir fait périr ses plus braves guerriers. Ils y perdirent beaucoup de monde, et achetèrent par bien des travaux une victoire ensanglantée. Enfin leur fortune l'emporta, et le premier soin du vainqueur fut d'abolir les lois de Minos, et d'établir à leur place celles de Numa. Strabon, philosophe judicieux, se plaint de cette rigueur, et dit que, de son temps, les institutions crétoises n'étaient plus en vigueur, parce que les Romains forçaient les provinces conquises à adopter leur code. Afin de s'assurer davantage de l'île, ils envoyèrent une colonie puissante à Cnosse.

Depuis cette époque, jusqu'à nos jours, Madame, c'est-à-dire pendant un espace de dix-neuf cents ans, les Crétois n'ont plus figuré parmi les autres peuples de la terre; ils n'ont plus formé une nation, et ont perdu peu à peu leur vaillance, leurs mœurs, leurs vertus, leurs sciences et leurs arts. On ne peut attribuer ces pertes déplorables qu'à l'extinction de leur liberté; sans elle le génie de l'homme est sans feu, sans courage, sans énergie; sa volonté sans puissance; il se détériore, et tombe dans l'avilissement.

L'île de Crète, jointe au petit royaume de Cyrène, sur la côte de Lybie, forma une province romaine. Un proconsul la gouverna d'abord. On y envoya dans la suite un questeur et un assesseur. Enfin Suétone nous apprend qu'elle fut gouvernée par un consul. Cette île fut éclairée une des premières du flambeau de l'Evangile. Saint Paul y porta la foi chrétienne, et son disciple Tite, qu'il laissa pour cultiver ce germe précieux, en fut le premier évêque. Sous l'empire de Léon, on y voit douze évêchés qui tous dépendaient du patriarche de Constantinople (1). Constantin divisa la province de Crète et de Cyrène dans la nouvelle distribution qu'il fit de l'empire. Ayant laissé trois fils, Constance, Constantin et Constant, il donna au premier la Thrace et l'Orient, au second le royaume d'Occident, et au troisième l'île de Crète, l'Afrique et l'Illyrie.

Lorsque Michel Balbus occupait le trône de Constantinople, la révolte de Thomas, qui dura trois ans, lui fit négliger les autres parties de l'empire. Les Agaréniens (nation arabe), qui avaient conquis les plus belles provinces d'Espagne, saisirent cette circonstance. Ils armèrent une flotte considérable, pillèrent les Cyclades, attaquèrent l'île de Crète, et s'en emparèrent presque sans résistance. Pour assurer leur conquête, ils bâtirent une forteresse qu'ils nommèrent *Khandak*, retranchement, et qui, sous les Vénitiens, prit le nom de Candie. De cette citadelle, les barbares firent des courses dans l'île, et portèrent partout le ravage et la désolation. Dans leurs attaques réitérées, ils soumirent toutes les villes, excepté Cydon. Michel fit de vains efforts pour les chasser de Crète. L'empereur Basile, le Macédonien, ne fut pas plus heureux. Ils le défirent dans une sanglante bataille; mais un de ses généraux les ayant vaincus, leur imposa tribut. Au bout de dix ans, les Arabes le refusèrent. Il était réservé à Nicéphore Phocas, qui

(1) Malheureusement ce peuple est tombé dans le schisme, et cette séparation fatale est la principale cause de sa dégradation et de son délaissement.

fut empereur dans la suite, de délivrer cette belle île du joug des infidèles. Il y débarqua avec une armée nombreuse, les attaqua courageusement, et les terrassa dans plusieurs combats. Les Sarrasins, n'osant plus tenir la campagne devant ce redoutable chef, s'enfermèrent dans leurs châteaux. Phocas, muni de toutes les machines de guerre propres aux siéges, renversa leurs murs, et jeta l'épouvante parmi eux. Il prit leurs places fortes, l'une après l'autre, et les força jusque dans *Khandak*, leur métropole, et leur dernière espérance. Il soumit l'île entière après neuf mois de combats, fit prisonnier le roi *Curup* et son lieutenant *Anemas*, et rendit à l'empire une province que les infidèles avaient possédée pendant cent vingt-sept ans. Elle resta sous la domination des empereurs de Byzance jusqu'au temps où Baudouin, comte de Flandres, assis sur leur trône, récompensa magnifiquement le secours que lui avait amené Boniface, marquis de Montferrat, en le faisant roi de Thessalonique, et en ajoutant l'île de Crète à son royaume. Ce seigneur, plus jaloux d'acquérir de l'or que de la gloire, la vendit aux Vénitiens l'an 1194.

L'île de Crète respira sous les lois de cette sage république. Les peuples y jouirent d'un gouvernement modéré, et, encouragés par leurs maîtres, se livrèrent au commerce et à l'agriculture. Les voyageurs trouvèrent auprès des commandants vénitiens les ressources dont ils ont besoin pour étendre et perfectionner des connaissances utiles au genre humain. Le naturaliste Belon se loue beaucoup de leurs bons offices, et fait des descriptions intéressantes de l'état florissant du pays qu'il parcourait.

Le siége du gouvernement fut établi à Candie. Les magistrats et les officiers, qui composaient le conseil y résidaient. Le provéditeur-général était à la tête. Il avait la principale autorité, et son pouvoir s'étendait sur tout le royaume. Venise le possédait depuis cinq siècles et demi, et Cornaro occupait la charge la plus importante, tandis que l'orage grondait du côté de Constantinople. Les Turcs, depuis un an, rassemblaient un armement prodigieux. Ils trompaient le baîle en l'assurant qu'il était destiné contre Malte. Tout-à-coup, au milieu de la paix jurée, ils virent fondre sur la Crète, l'an 1545, avec une flotte de quatre cents voiles, soixante mille hommes de débarquement, et quatre pachas. L'empereur Ibrahim, qui ordonnait cette expédition, n'avait aucun motif pour l'entreprendre. Il employa toute la perfidie des Orientaux pour en imposer au sénat de Venise. Il combla de présents son ambassadeur, ordonna à sa flotte de se porter jusqu'au cap Matapan, comme si elle devait sortir de l'Archipel, fit assurer les gouverneurs de Tine et du Cerigne que la république n'avait rien à craindre pour ses possessions. Au moment où il donnait ces assurances, l'armée navale s'enfonçait dans le golfe de la Canée, et, passant entre cette ville et Saint-Théodore, elle alla prendre terre au-dessous de la rivière de Platania. C'est ainsi que les Ottomans ont toujours agi avec les peuples qu'ils ont voulu subjuguer. La fraude et la force, voilà les armes qu'ils emploient pour faire réussir leurs desseins.

Les Vénitiens, qui ne s'attendaient point à cette irruption subite, n'avaient fait aucuns préparatifs pour la repousser. Les Turcs débarquèrent sans éprouver la moindre résistance. L'île Saint-Théodore n'est éloignée que d'une lieue et demie de la Canée. Elle n'a que trois quarts de lieue de circuit. Les Vénitiens y avaient élevé deux forts : l'un, au sommet de la pointe la plus escarpée, s'appelait *Turluru;* l'autre, situé plus bas, se nommait Saint-Théodore. Il importait aux Musulmans de s'emparer de ce rocher, qui aurait incommodé leurs vaisseaux. Ils se hâtèrent de l'attaquer, et s'y portèrent avec ardeur. La première de ces forteresses n'avait ni canons, ni soldats ; elle fut enlevée sans coup férir. La seconde n'avait pour garnison que soixante hommes ; ils se défendirent jusqu'à la dernière extrémité ; et lorsque les Turcs s'en emparèrent, ils n'y trouvèrent que dix soldats, que le capitan-pacha eut la cruauté de faire décapiter.

Maîtres de ce poste important, ainsi que du Lazaret, écueil situé à une demi-lieue de la Canée, les Turcs bloquèrent la ville par mer, et l'environnèrent de tranchées par terre. Le général Cornaro fut frappé comme d'un coup de foudre lorsqu'il apprit la descente des ennemis. Il ne se trouvait dans toute l'île qu'un corps de trois mille cinq cents hommes d'infanterie, et un petit nombre de cavaliers. Il savait que la ville assiégée n'avait pour se défendre que mille hommes de troupes réglées, et quelques citoyens en état de porter les armes. Il se hâta de donner avis de sa détresse à la république, et vint se poster à la rade, afin d'être plus à portée de secourir la ville assiégée. Il y fit passer environ deux cents cinquante hommes, avant que les lignes de l'ennemi fussent entièrement achevées. Il tenta plusieurs autres fois d'y jeter de nouveaux renforts, mais inutilement. Les Ottomans s'étaient approchés du corps de la place ; ils avaient emporté une demi-lune qui couvrait la porte de Retimo, et profitant de leur artillerie nombreuse, ils battaient jour et nuit le mur en brèche. Les assiégés leur répondaient avec courage, et leur vendaient cher quelques succès incertains. Le général Cornaro tenta d'armer les Grecs, et surtout les Sphachiotes qui vantaient leur bravoure. Il en forma un bataillon. Leur temps était passé. A la vue de l'ennemi, au bruit du canon, ils prirent honteusement la fuite, et il ne fut pas possible d'en conduire un seul au feu.

Tandis que le sénat de Venise délibérait sur les moyens de secourir la Canée, tandis qu'il s'occupait à rassembler une flotte, les généraux mahométans sacrifiaient le sang de leurs soldats pour terminer glorieusement leur entreprise ; ils avaient déjà perdu vingt mille guerriers dans les divers combats qu'ils avaient livrés ; mais ils étaient descendus dans les fossés, et creusaient sous les remparts les souterrains effrayants où la poudre enfermée s'enflamme avec un fracas horrible, et renverse les forts les plus inébranlables. Ils firent jouer une de ces mines sous le bastion de Saint-Démétri. Elle abattit un énorme pan de muraille dont tous les défenseurs furent engloutis. A l'instant les assiégeants montèrent le sabre à la main, et profitant de la consternation générale, se rendirent maîtres de ce poste. Les assiégés, revenus de leur frayeur, les attaquèrent avec une intrépidité sans exemple. Environ quatre cents hommes fondirent sur deux mille Turcs déjà retranchés sur le mur, et les assaillirent avec tant de chaleur et d'opiniâtreté qu'ils en tuèrent un grand nombre, et précipitèrent le reste dans le fossé. Dans cette extrémité tout combattit : les caloyers portèrent le mousquet ; des femmes, oubliant leur sexe, parurent au milieu des défenseurs, soit pour leur donner des armes, soit pour s'en servir elles-mêmes, et plusieurs de ces braves héroïnes y perdirent la vie.

Depuis cinquante jours la place tenait contre toutes les forces des Turcs. Si, dans ce moment encore, les Vénitiens avaient envoyé une armée navale à son secours, le royaume de Candie était sauvé. Sans doute qu'ils n'ignoraient pas ce fait connu. Le vent du nord donne à plein dans le golfe de la Canée. Quand il souffle un peu frais, la mer y devient furieuse. Il est impossible alors à une escadre, quelque nombreuse qu'on la suppose, de s'y former en ordre de bataille pour attendre l'ennemi. Si les Vénitiens étaient partis du Cerigue avec ce vent favorable, ils seraient arrivés à la Canée dans cinq heures, et seraient entrés dans le port à pleines voiles, sans avoir tiré un seul coup de canon, sans qu'aucun vaisseau turc eût osé se présenter devant eux ; car il aurait risqué d'être affalé sur la côte, et brisé contre les écueils dont elle est hérissée. Au lieu d'exécuter ce projet, que la nature des lieux devait faire naître, ils envoyèrent quelques galères qui, n'ayant osé doubler le cap

Spada, côtoyèrent le rivage méridional de l'île, et manquèrent leur mission.

Les Caniotes, n'espérant plus un secours trop longtemps différé, voyant trois brèches ouvertes par lesquelles les infidèles pouvaient facilement monter à l'assaut, accablés de fatigues et de blessures, réduits à cinq cents hommes qu'il fallait disperser sur des murs d'une demi-lieue de circuit, minés de toutes parts, demandèrent à capituler. Ils obtinrent les conditions les plus honorables, et après deux mois d'une défense glorieuse, qui coûta vingt-cinq mille hommes aux Turcs, ils sortirent de la place avec les honneurs de la guerre. Les citoyens qui ne voulurent pas rester dans la ville eurent la permission de se retirer, et les Ottomans, contre leur coutume, exécutèrent assez fidèlement leurs conventions.

Les Vénitiens, après la prise de la Canée, se replièrent vers Retimo. Le capitan-pacha assiégea le château de la Sude, situé à l'entrée du golfe, sur un écueil d'un quart de lieue de circuit. Il dressa des batteries à terre, et s'efforça, mais inutilement, de renverser ses remparts. Désespérant de l'enlever par force, il laissa des troupes pour en faire le blocus, et s'avança vers Retimo. Cette ville, sans murailles, est défendue par une citadelle bâtie sur une hauteur qui domine le port. Le général Cornaro s'y était retiré. Il sortit à l'approche des ennemis, et les attendit en rase campagne. Pendant l'action il ne ménagea point sa personne. Pour encourager ses soldats, il combattit au milieu de leurs rangs. Une mort glorieuse fut le prix de sa bravoure; mais sa perte entraîna celle de Retimo.

Les Turcs ayant débarqué de nouvelles troupes dans l'île, y apportèrent la peste qui suit presque toujours leurs armées. Ce fléau terrible gagna de proche en proche, et, semblable aux flammes qui dévorent tout sur leur passage, il détruisit la plus grande partie des habitants. Le reste, épouvanté de ses ravages, se sauva dans les états de Venise, et l'île demeura presque déserte.

En 1646 commença le siége de Candie, beaucoup plus long que celui de Troie. Si une plume féconde et brillante, comme celle d'Homère, rassemblait dans un cadre les événements extraordinaires de ce siége fameux, elle offrirait à la postérité de hauts faits d'armes, de grands tableaux, et des héros comparables à ceux de l'Iliade. Mais les actions mémorables ne manquent point à l'histoire des nations; chaque âge en produit de nouvelles, et la nature avare, après des siècles nombreux, enfante à peine un génie comparable au père de la poésie. L'ordre et le but de cette lettre ne me permettent pas d'entrer dans de grands détails. Je me bornerai à décrire brièvement les principaux événements arrivés pendant la durée du siége de Candie. Les Turcs, jusqu'en 1648, ne firent pas de grands progrès devant cette place. Ils furent souvent battus par les Vénitiens, et quelquefois forcés de se retirer à Retimo. A cette époque Ibrahim fut déposé solennellement, et l'on éleva sur le trône son fils aîné, âgé de neuf ans, sous le nom de *Méhémet IV*. Le sultan, au milieu de sa prison, faisait encore quelque ombrage. On l'étrangla le 19 août de la même année. Ce jeune empereur, qui montait sur le trône en faisant périr son père, en fut précipité, dans la suite, pour passer le reste de ses jours dans les ténèbres d'un cachot. L'histoire ottomane n'est remplie que de semblables horreurs.

En 1649, Hussein-Pacha, qui bloquait Candie, ne recevant pas de secours de la Porte, fut obligé de lever le siége, et de s'enfuir à la Canée. En effet, les Vénitiens tenaient la mer avec une forte escadre. Ils attaquèrent la flotte turque dans le golfe de Smyrne, brûlèrent douze vaisseaux, deux galères, et tuèrent six mille hommes. Quelque temps après, les Mahométans ayant trouvé moyen de faire passer une armée en Candie, recommencèrent avec plus de fureur le siége de cette ville, s'emparèrent d'un fort avancé qui incommodait beaucoup les assiégés, ce qui les obligea à le faire sauter.

Depuis 1650 jusqu'en 1658, les Vénitiens, maîtres de la mer, attendirent chaque année les Ottomans dans le détroit des Dardanelles, leur livrèrent quatre batailles navales dans lesquelles ils défirent leurs flottes nombreuses, leur coulèrent bas un grand nombre de caravelles, en prirent d'autres, et jetèrent l'épouvante jusque dans les murs de Constantinople. Cette capitale fut remplie de tumulte et de désordre. Le grand-seigneur effrayé, ne s'y croyant pas en sûreté, l'abandonna précipitamment.

Ces succès glorieux avaient relevé l'espoir des Vénitiens, et abattu le courage des Turcs. Ils convertirent en blocus le siége de Candie, et essuyèrent des pertes considérables. En 1659, le sultan, pour écarter la flotte vénitienne du détroit des Dardanelles, et assurer à ses vaisseaux un libre passage, fit bâtir à l'entrée deux châteaux neufs. Il ordonna au pacha de la Canée de retourner devant les murs de Candie, et d'employer tous ses efforts pour s'emparer de cette forteresse importante. Cependant la république de Venise, profitant de ses avantages, fit plusieurs tentatives contre la Canée. En 1660, la ville, vivement pressée, était sur le point de se rendre, lorsque le pacha de Rhodes, volant à son secours, y jeta deux mille hommes. Il doubla heureusement la pointe du cap Melec, à la vue de la flotte de Venise, qui, se trouvant en calme sur le cap Spada, ne put faire un pas pour combattre un ennemi plus faible qu'elle, et lui ravir sa conquête.

Kiopruli, fils et successeur du visir de ce nom, qui avait soutenu pendant longtemps le destin de l'empire ottoman, sachant que les peuples murmuraient hautement contre la longueur du siége de Candie, et craignant une révolte générale qui eût été fatale à lui et à son maître, partit de Byzance sur la fin de 1666, à la tête d'une armée formidable. Ayant trompé la flotte vénitienne, qui l'attendait à la hauteur de la Canée, il débarqua à *Palio Castro*, et forma ses lignes autour de Candie. Il avait sous ses ordres quatre pachas, et l'élite des forces ottomanes. Ces troupes, encouragées par la présence et les promesses de leurs chefs, et secondées d'une artillerie nombreuse, firent des prodiges de valeur. Tous les forts extérieurs furent réduits en poudre. Il ne restait aux assiégés qu'un simple cordon de murailles, qui, sans cesse ébranlées par le canon, tombaient en ruines de toutes parts. Cependant, ce que la postérité aura peine à croire, ils tinrent encore pendant trois ans contre toutes les forces de l'empire ottoman. Enfin ils allaient capituler, lorsque l'espoir d'un secours parti de France soutint leur valeur, et les rendit invincibles. Ce secours arriva le 26 juin 1669. Il était conduit par le duc de Navailles. Il avait sous ses ordres un grand nombre de seigneurs français, qui venaient essayer leurs armes contre les Turcs.

Le lendemain de leur arrivée, les français impatients firent une sortie générale. Le duc de Beaufort, amiral de France, se mit à la tête des enfants perdus. Il marchait le premier contre les Musulmans, et était suivi d'un corps nombreux d'infanterie et de cavalerie. Ils donnèrent tête baissée sur les ennemis, les attaquèrent dans leurs retranchements, les y forcèrent, et les auraient obligés d'abandonner leurs lignes et leur artillerie, sans un événement imprévu qui glaça leur courage. Au milieu des combattants, un magasin de poudre prit feu. Les plus avancés perdirent la vie; les rangs des Français furent rompus. Plusieurs de leurs chefs, parmi lesquels se trouva le duc de Beaufort, disparurent pour jamais. Les soldats prirent la fuite en désordre. Les Turcs les poursuivirent, et le duc de Navailles eut bien de la peine à rentrer dans les murs de Candie. Les Français accusèrent les Italiens de les avoir trahis en les faisant partir plus tôt que l'on n'était convenu, et malgré toutes les prières du commandant ils se rembarquèrent. Ce départ décida du sort de la ville. Il ne restait que cinq cents hommes pour la défendre. Morosini capitula avec Kiopruli, auquel il abandonna le royaume de Crète, à l'exception de la Sude, de Grabuse et de Spina-Longua. Le grand-visir fit son entrée à Candie le 4 octobre 1670, et y séjourna huit mois pour en faire réparer les fortifications.

Les trois forteresses laissées par le traité aux Vénitiens leur demeurèrent encore longtemps. Dans la suite elles leur furent enlevées successivement. Enfin, après plus de trente années de guerre, après avoir fait périr plus de deux cents mille hommes dans l'île, après l'avoir arrosée des flots du sang musulman et chrétien, la Porte en est aujourd'hui souveraine maîtresse (1).

Voilà, Madame, une faible esquisse de l'histoire de Crète depuis l'antiquité jusqu'à nos jours. Nous allons y voyager maintenant, et je vous parlerai ensuite de son commerce, de son gouvernement, de sa population, et de tout ce que je croirai pouvoir vous intéresser.

(1) Candie a recouvré son indépendance, ainsi que la Grèce dont elle fait partie, le 7 mai 1832, par suite de la conférence de Londres, formée des représentants de la France, de l'Angleterre et de la Russie.

XXI

Vous connaissez un peu, Madame, les Crétois; je vous ai offert quelques traits de leur histoire; maintenant nous allons parcourir l'île qu'ils habitaient et visiter ses antiquités. Fière d'avoir nourri Jupiter, orgueilleuse de ses cent villes, Crète éleva longtemps sa puissance au-dessus des autres îles de la Méditerranée. Aujourd'hui sa gloire est éclipsée. Le temps n'a pas épargné une seule de ses cités, et nous n'en verrons que les ruines. Celle que nous allons quitter est la capitale moderne. Elle a donné son nom à l'île. Bâtie sur le terrain qu'occupait Héraclée, séjour des chefs du gouvernement ottoman, elle mérite une description particulière.

« L'île de Dia, dit Strabon, est située en face » d'Héraclée, port de mer de Cnosse. Elle n'est » éloignée que de trois lieues et demie de la côte. » Cette description est exacte, et répond parfaitement à la position de Candie, et à la distance qui se trouve entre elle et l'île de Dià, aujourd'hui *Standié.* Les mots suivants confirment encore le sentiment de ceux qui assurent que la capitale de Crète est élevée sur les ruines d'Héraclée. Cnosse, placée dans les terres à vingt-cinq stades de la mer du nord, a pour port Héraclée. Vingt-cinq stades équivalent à une lieue, et c'est à cet éloignement de Candie, vers le sud-est, que l'on trouve le village de *Cnossou*, où l'on voit les débris de cette ville autrefois fameuse.

On ne peut donc douter que la moderne Candie, la *Kandakh* des Arabes, n'occupe l'emplacement de l'ancienne Héraclée. Vous avez lu, Madame, les principaux événements arrivés pendant le siége mémorable qu'elle soutint contre toutes les forces de l'empire ottoman. Les Turcs ont réparé les ravages de la guerre. Les murs qui l'entourent ont plus d'une lieue de circuit, sont bien entretenus, et défendus par des fossés profonds; mais ils ne sont couverts d'aucun fort extérieur. Du côté de la mer elle est inattaquable, parce que les vaisseaux n'ont pas assez de fond pour s'en approcher.

Candie est le siége du gouvernement turc. La Porte y envoie ordinairement un pacha à trois queues. Les principaux officiers et les divers corps de la milice ottomane y sont rassemblés. Cette ville, riche, commerçante et bien peuplée pendant que les Vénitiens la gouvernaient, est bien déchue de son ancienne puissance. Le port, qui forme un joli bassin où les navires sont à l'abri de tous les vents, se comble de jour en jour. Il ne reçoit plus que des bateaux et de petits bâtiments allégés d'une partie de leurs marchandises. Ceux que les Turcs frêtent à Candie sont obligés d'aller, presque sur leur lest, attendre leur chargement dans les ports de Standié, où des barques le leur portent. Ces entraves gênent le commerce, et les gouverneurs ne songent point à les faire disparaître; aussi est-il considérablement diminué.

Candie, embellie par les Vénitiens, percée de rues droites, ornée de maisons bien bâties, d'une belle place et d'une fontaine magnifique, ne renferme dans sa vaste enceinte qu'un petit nombre d'habitants. Plusieurs quartiers sont presque déserts. Celui du Marché est le seul où l'on voie du mouvement et de l'affluence. Les Mahométans ont converti la plupart des temples chrétiens en mosquées. Cependant ils ont laissé deux églises aux Grecs, une aux Arméniens, et une synagogue aux Juifs. Les capucins possédent un petit couvent avec une chapelle, où le vice-consul de France entend la messe. Actuellement il est seul de sa nation, les négociants français s'étant retirés à la Canée.

A l'occident de Candie se prolonge une chaîne de montagnes qui descend du mont Ida, et dont la pointe va former le promontoire de *Dion*. Avant d'y arriver, on rencontre sur le bord de la mer *Palio-Castro*, nom que les Grecs modernes donnent à toutes les places anciennes. Sa situation correspond à celle de Panorme, qui était au nord-ouest d'Héraclée.

La rivière que l'on voit à l'occident de Candie s'appelait anciennement le Triton, près de la source duquel Minerve naquit de Jupiter. *Loaxus* se trouve un peu plus loin. Une lieue à l'orient de cette ville, le fleuve *Ceratus* coule dans une vallée charmante. Suivant Strabon, il passait à peu de distance de Cnosse. On voit au-delà une rivière que je crois être le fleuve *Thérène*, sur les bords duquel la fable prétend que Jupiter célébra ses noces avec Junon. Dans un espace de plus d'une demi-lieue, autour des murs de Candie, on ne rencontre pas un seul arbre. Les Turcs, pendant le siége, les coupèrent tous, et détruisirent les jardins.

et les vergers qui environnaient la ville. Au-delà de cette enceinte, la campagne est abondante en blés et en arbres fruitiers. Les coteaux voisins, plantés de vignobles, donnent la malvoisie du mont Ida, digne d'orner la table des gourmets. Ce vin, peu connu en France, est parfumé, d'un goût très agréable, et fort estimé dans le pays.

Demain, Madame, nous quittons Candie. Nous composons une troupe de douze voyageurs, parmi lesquels il se trouve un vice-consul de France, un consul que nous devons installer à la Canée, de jeunes négociants, des janissaires et des curieux. Nous sommes tous armés de fusils, de pistolets, de sabres et d'épées. Dans un pays où la force commande, cette manière de voyager est la plus sûre. Les montagnards et les Turcs ont du respect pour les armes des Français, et le moyen de n'avoir rien à craindre de leur violence est de paraître en état de la repousser sur-le-champ. Nous ne prendrons pas la route la plus courte, parce que notre dessein est de parcourir les lieux les plus fameux de l'île.

XXII

En partant de Candie, Madame, nous dirigeâmes notre course vers Gortyne. Nous arrivâmes de bonne heure aux ruines de Cnosse, nommée *Cnossou* par les Grecs modernes. C'était la ville royale de Minos. Il y avait établi le siége de son empire. C'est là qu'il publia les lois admirables dont l'antiquité a vanté la sagesse. Cette cité avait une lieue et demie de circuit. Elle fut longtemps une des plus célèbres de l'île. Unie à Gortyne, elle soumit presque tous les Crétois. Elle essuya ensuite des disgrâces dont Gortyne et Lyctos profitèrent, et perdit beaucoup de sa splendeur. Bientôt elle répara ses pertes, recouvra une partie de son ancienne puissance, et reprit son rang parmi les villes les plus florissantes de Crète. Les Romains, pour assurer leur conquête, y établirent une colonie puissante. Enfin, « la treizième année du règne de Néron, » l'île entière ayant éprouvé un violent tremblement » de terre, Cnosse fut renversée de fond en » comble. » Le tonnerre, pendant ce fléau terrible, ne sortit point des nuages, mais de la terre, et la mer recula de sept stades. Plusieurs tombeaux s'ouvrirent, et l'on trouva dans l'un d'eux l'ouvrage de Dictys de Crète, qui contient les événements de la guerre de Troie.

Depuis ce moment, la superbe Cnosse, couchée dans la poussière, ne s'est point relevée de ses ruines; mais des monceaux de pierres, d'anciens murs à moitié démolis, des restes d'édifices, et le nom de *Cnossou*, que cet emplacement a conservé, font connaître, d'une manière certaine, le lieu qu'elle occupait. Sans doute que ces débris étaient beaucoup plus considérables avant la fondation de Candie. Leur proximité aura engagé les Vénitiens à s'en servir pour élever les forts, les remparts et les maisons de cette capitale.

Nous laissâmes *Cnossou* à notre gauche, et nous

continuâmes notre route. Lorsque nous fûmes arrivés sur les collines élevées qui bordent le pied du mont Ida, du côté de l'orient, nous eûmes des points-de vue fort agréables. Nous découvrions, de distance en distance, des vallées couvertes de verdure, des petits villages placés sur le bord des ruisseaux, entourés de jolis vergers, et çà et là des bouquets d'arbres verts qui couronnaient les coteaux.

Nous étions à quatre lieues au sud-est de Candie, et nous gravissions un sentier fort escarpé, lorsque nos guides nous avertirent que nous passions près du tombeau de Jupiter. Nous escaladâmes la montagne pour contempler cet antique monument. Nous ne vîmes qu'un monceau de grosses pierres à moitié rongées par le temps, que les habitants du pays appellent *le tombeau de Jupiter*.

L'antiquité atteste qu'un Jupiter mourut dans l'île de Crète, et qu'il y fut inhumé. Le troisième Jupiter naquit en Crète, et eut pour père Saturne. On y montre encore son tombeau. Jupiter ayant fini ses jours dans l'île de Crète, ses parents et ses amis, suivant l'ordre qu'il leur en avait donné, lui élevèrent un temple et un tombeau. Ce temple subsistait du temps de Platon; mais la vétusté ou les tremblements de terre l'auront renversé. Voilà ce qu'en dit ce philosophe, qui connaissait les lieux qu'il décrit : » Le chemin qui conduit de Cnosse à » l'antre et au temple de Jupiter est très agréable. » Pendant la chaleur, le voyageur trouve le long de » la route des allées de grands arbres touffus, dont

» le feuillage le met à l'abri des feux du soleil. S'il » pénètre plus loin, il rencontre des forêts de » cyprès d'une élévation et d'une beauté surpre» nantes. A côté s'étendent des prairies où l'on peut » se reposer et converser ensemble. »

De toutes ces observations on peut conclure ceci : Un homme, appelé Jupiter, qui, par ses belles actions, mérita bien de ses sujets, et auquel on rendit dans la suite les honneurs divins, mourut dans l'île de Crète ; on lui éleva un temple que le temps a détruit. Jusqu'au temps des empereurs romains, on montra son tombeau avec une inscription. Aujourd'hui on voit à trois lieues de Cnosse une éminence appelée vulgairement le mont Icare, sur le sommet de laquelle les habitants du pays montrent un monceau de pierres qu'ils nomment *le tombeau de Jupiter.* Quant à l'antre sacré où il fut élevé, et où Minos se rendait tous les neuf ans pour converser avec son père et recevoir ses lois, on peut présumer qu'il n'était pas éloigné de ce lieu ; mais nous ne l'avons point vu.

En descendant de la montagne, nous rencontrâmes une noce villageoise qui se rendait au hameau voisin. Un grand nombre de Grecs, montés sur des chevaux et des mules, composaient l'escorte de la mariée. Une troupe de femmes l'entouraient. Elles étaient vêtues de leurs plus beaux habits ; leurs longs voiles blancs tombaient sur leurs épaules. Les hommes portaient des ceintures brillantes. Tout le monde paraissait fort gai. Nous jugeâmes qu'il était de la politesse française de saluer la mariée. Nous nous arrêtâmes en haie sur son passage, et nous fîmes une salve générale de notre mousqueterie. Ceux d'entre les Grecs qui avaient des armes nous répondirent, et nous nous quittâmes après nous être faits des compliments réciproques.

Nous descendîmes dans la plaine, et quoiqu'au mois de novembre nous éprouvions des chaleurs assez fortes. Nous devions aller coucher au couvent de Saint-Georges, dont nous étions encore éloignés de trois lieues. Il nous fallut franchir plusieurs rangs de collines qui forment la base du mont Ida, du côté de l'orient. Le pays était très varié, très pittoresque. Tantôt du sommet d'un coteau nous découvrions un horizon immense terminé par des montagnes qui cachaient leurs têtes dans les nues; puis tout-à-coup, errants au fond des vallées profondes, ornées d'arbres fruitiers et d'arbrisseaux fleuris, nous étions comme emprisonnés par leurs côtes rapides et leurs vastes contours. Enfin, après avoir monté pendant longtemps, nous aperçûmes dans le lointain le monastère de Saint-Georges. Son aspect nous réjouit, et nous nous hâtâmes de l'atteindre. Nous entrâmes dans la cour vers le soir. Les religieux furent d'abord effrayés de notre nombre, et le supérieur se cacha. Mais un de nous s'adressa à quelques caloyers, et leur dit que nous avions avec nous le consul de France, qui se rendait à la Canée, qu'il avait beaucoup de crédit auprès des puissances du pays, et qu'il pouvait rendre de grands services à leur évêque et à tous les couvents de l'île. On ne manqua pas de faire ces rapports au supérieur. A l'instant il vint nous recevoir, nous complimenter, et toutes les portes nous furent ouvertes.

Nous avions fait sept lieues qui en valent bien dix de France. Nos chevaux étaient fatigués. Aussitôt que nous eûmes mis pied à terre, des enfants vinrent les prendre par la bride, et les promenèrent au pas pendant un quart d'heure avant de les conduire à l'écurie. Cet usage s'observe régulièrement dans toute l'île de Crète. On ne renferme jamais ces animaux en sueur. On a toujours soin de les promener pendant quelque temps à l'air libre. Aussi les chevaux crétois sont sains, vigoureux et infatigables. Ils gravissent avec ardeur les montagnes les plus escarpées, et descendent sans broncher des vallées taillées en précipices. La vie du voyageur dépend de la sûreté de leur pied; il côtoie souvent par des sentiers étroits des abîmes profonds où un faux pas le précipiterait.

Les caloyers de Saint-Georges possèdent des terres immenses où ils entretiennent de nombreux troupeaux. Ils y recueillent du blé, de l'orge, du vin, de l'huile, de la cire et du miel en abondance. Les Turcs les leur ont laissées à condition qu'ils donneraient l'hospitalité à tous les voyageurs. Ils l'exercent ordinairement d'assez bonne grâce. Les cavaliers et leurs montures trouvent chez eux le logement et la nourriture. Ces maisons sont d'une grande ressource dans un pays qui n'a ni hôtellerie ni caravanserail! Sans cet asile le voyageur serait obligé de porter avec lui des bagages considérables, et toutes les choses nécessaires à la vie. Ces religieux cultivent eux-mêmes leurs campagnes, et doivent l'aisance dont ils jouissent à leurs travaux.

On nous servit un ambigu magnifique. Un cochon de lait rôti occupait le plat du milieu. On voyait à l'entour d'excellent mouton, des pigeons et de fort bonnes volailles. Plusieurs plats remplis de grenades, d'amandes, de raisins, d'olives fraîches et de miel, couvraient la table. Ce miel, transparent comme le cristal, était délicieux. Aussi parfumé que les fleurs, aussi délicat que les meilleures confitures, il flattait également le goût et l'odorat. Le supérieur nous fit apporter des vins exquis. Le rouge, le blanc, l'orangé, que l'on cultive sur les coteaux qui environnent le monastère, méritèrent tour à tour nos hommages.

Après le souper on nous conduisit dans une vaste salle où, malgré la dureté de nos lits, nous goûtâmes avec délices les douceurs du sommeil. On avait mis par considération le consul de France dans une chambre particulière, avec deux carafes pleines près de son chevet.

XXIII

NOTRE projet était de visiter Gortyne et le labyrinthe. Nous partîmes de bon matin du monastère de Saint-Georges, après avoir remercié nos hôtes, qui eurent l'honnêteté de nous fournir de provisions pour le déjeuner. Nous marchions vers le midi de l'île, et depuis le couvent nous descendîmes pendant deux heures pour gagner la plaine. La route était moins fatigante que celle de la veille. Nous parcourions de belles campagnes parsemées de villages entourés d'oliviers et d'amandiers; la plupart, situés sur le penchant des collines que nous avions à droite et à gauche, formaient de jolis paysages. Ce canton paraissait riche et peuplé; mais le temps des récoltes et de la vendange étant passé, nous rencontrions peu d'habitants. Ils étaient enfermés dans leurs demeures, occupés des travaux domestiques.

Après plusieurs heures de chemin, un petit sentier tapissé d'une verte pelouse qu'arrosait une source limpide qui fuyait dans le vallon nous invita à faire halte. Nous étalâmes les provisions des bons caloyers, et nous déjeunâmes au pied d'un platane. La marche avait aiguisé l'appétit, et nous trouvâmes nos mets excellents. L'eau de la fontaine était fraîche et pure. Quelques bouteilles de vin la rendirent encore meilleure. Le déjeuner fut fort gai, mais bientôt écoulé. Nous remontâmes à cheval et continuâmes notre route.

Nous avancions sur un terrain uni, renfermé entre deux chaînes de montagnes dont les flancs étaient sillonnés de ravins où coulaient de belles eaux. De nombreux troupeaux de chèvres et de moutons y paissaient le thym, y broutaient la feuille des arbrisseaux sauvages. Ici un hameau entouré de vignobles paraissait sur la crête d'un rocher. Là il se cachait dans l'épaisseur d'un bois. Partout des sites agréables et variés amusaient nos regards. Nous faisions beaucoup de chemin sans nous en apercevoir.

Le soleil avait parcouru la moitié de son cours. Nous marchions depuis sept heures, lorsque nous arrivâmes à un gros bourg dont les habitants ne jouissent pas d'une réputation intacte. On les accuse d'aimer à dépouiller les voyageurs. Nos armes nous rassuraient ; nous résolûmes d'y demander à dîner. Nous fûmes mal reçus dans plusieurs maisons ; la figure sinistre des personnes qui les habitaient nous fit passer outre ; enfin nous frappâmes à une porte dont les hôtes nous montrèrent une meilleure volonté. Nous n'y trouvâmes point la table splendide de nos riches caloyers. Des œufs, des olives, du miel et de mauvais fromage furent les seuls mets qu'on nous offrit. Nous les payâmes généreusement et partîmes. En quittant ce lieu maudit, plusieurs des habitants nous accablèrent d'injures ; la vue de nos mousquets tournés vers eux, et le sabre nu de nos janissaires, les firent rentrer dans le devoir.

Nous entrions dans la plaine de Messara, qui a sept lieues de long et s'étend jusqu'à la mer du midi. C'est la plus fertile en blé de tout le royaume de Candie ; la terre y est excellente, et la récolte ne trompe jamais l'espérance du laboureur. Un chemin ferré et tiré au cordeau nous annonçait l'approche de Gortyne ; nous ne tardâmes pas à découvrir ses ruines, et nous passâmes plusieurs heures à les examiner.

L'origine de Gortyne est incertaine. Les opinions

des auteurs varient à ce sujet. On sait qu'elle est de la plus haute antiquité. Homère en parle comme d'une ville puissante entourée de murailles. Elle florissait lorsque Lycurgue voyageait en Crète. Les uns lui donnent pour fondateur le héros Gortyn, fils de Tégère. Platon prétend qu'elle fut bâtie par une colonie de Gortyne, ville du Péloponèse. Plusieurs anciens écrivains assurent que Taurus, le même qui règna en Crète, fonda cette ville célèbre.

Quoi qu'il en soit de ces sentiments divers, Gortyne, située dans une plaine d'une vaste étendue, arrosée de nombreux ruisseaux, féconde en blé, en orge, en oliviers et en productions de toute espèce, devint une des plus considérables de l'île. Elle n'est qu'à cinq lieues de la mer du midi, sur laquelle elle avait deux ports : Lébéna, ornée d'un temple fameux, et Metalla, placée à l'extrémité du cap de ce nom. Ces avantages, dont elle sut profiter, la rendirent très puissante. Elle unit ses armes à celles des Cnossiens, pour soumettre les peuples voisins, et étendit fort loin les limites de son territoire. Ses murs avaient plus de deux lieues de circuit. Le temps les ayant détruits, les magistrats commencèrent à les réparer, mais ils n'en achevèrent que huit stades; le reste de la ville demeura ouvert. Strabon attribue cette restauration à Ptolémée Philopator; il ajoute qu'il ne l'acheva pas, et que l'ouvrage demeura imparfait.

Gortyne possédait plusieurs temples, parmi lesquels on distinguait ceux d'Apollon, de Jupiter et de Diane. Le premier était en grande vénération parmi les Grecs, et dans des temps de peste ils envoyèrent des députés pour consulter son oracle. Ménélas, allant à la poursuite d'Hélène, immola dans le second un hécatombe à Jupiter. Enfin Annibal, craignant que l'avarice des Gortyniens ne le livrât à ses ennemis pour jouir de ses trésors, dont le bruit avait devancé ses pas, déposa en présence du peuple dans le temple de Diane des vases remplis de plomb et recouverts d'or et d'argent, disant qu'il leur confiait sa fortune. Peu de temps après il se sauva en Asie avec ses richesses renfermées dans des statues d'airain; mais l'implacable vengeance de Rome le suivait en tous lieux. Le Léthé coulait auprès de Gortyne. Strabon assure qu'il la traversait. Cette ville a eu divers accroissements; ainsi ce fleuve a pu dans des temps couler autour des murs, et dans d'autres passer au milieu. Il est certain que de nos jours on voit des ruines au-delà de ce fleuve, qui n'est actuellement qu'un joli ruisseau. Les géographes comptent plusieurs rivières de ce nom. Strabon en désigne quatre.

Les ruines de Gortyne couvrent une grande étendue de terrain, et donnent une idée de son ancienne magnificence; ceux de ses monuments qui subsistent encore ne sont pas de la plus haute antiquité. On remarque une porte de ville construite de grosses briques, autrefois recouvertes de pierres de taille; on a détaché toutes celles du ceintre et des côtés; cependant elle subsiste, et doit durer encore longtemps. Cet édifice a une épaisseur considérable, et présente une large façade. Il ne peut remonter qu'au temps où Ptolémée Philopator entreprit de rétablir les murs de Gortyne. Au-delà de cette porte on distingue un grand emplacement qui forme à peu près un carré long. On voit un double rang de piédestaux alignés sur les côtés. La base de ces marbres est enterrée, et le sommet seul déborde le terrain. Cette distribution paraît annoncer les portiques d'un temple. On rencontre d'espace en espace des monceaux de décombres, et des colonnes de marbre et de granit enfoncées en terre jusqu'à la moitié de leur fût. Les chapiteaux sont renversés à l'entour. Plusieurs n'en ont point du tout. Vers l'extrémité de ces débris, sur les bords de la jolie rivière où Harmonia oublia Cadmus, on entre dans une église dont un côté est détruit. L'architecture en est simple et sans colonnades. Elle a environ cent vingt pieds de long sur soixante de largeur. C'est probablement l'ancienne cathédrale fondée par Tite, le disciple de saint Paul. Des ruines considérables, placées à peu de distance, peuvent être les restes du palais de l'archevêque.

Ces débris ne paraissent pas proportionnés à la grandeur et à la magnificence de Gortyne. Mais il faut songer que les beaux marbres en ont été enlevés, que l'on voit dans les villages des environs des colonnes antiques servir à former la porte des jardins turcs, et que la meilleure partie de ses ornements est enfoncée sous le terrain qui s'est considérablement exhaussé. Si l'on y faisait des fouilles, on trouverait quantité de statues et de monuments précieux. Aujourd'hui le laboureur y fait passer la charrue, et couvre de moissons les ruines des palais et des temples de Gortyne. Tel est le sort, Madame, des anciennes villes ; elles sont l'ouvrage de l'homme, et périssent comme lui. Celles qui firent autrefois l'ornement ou l'effroi de la terre, Thèbes, Memphis, Babylone et tant d'autres ne sont plus. Pensez-vous que Paris, cette cité superbe qui renferme dans son sein tous les arts et une population immense, subsistera toujours ? Pensez-vous qu'un jour le savant n'ira pas au milieu des monceaux de décombres chercher la place de ses temples et de ses palais ?

Nous quittâmes la plaine de Gortyne pour aller voir le labyrinthe. Le chemin qui conduit à ce lieu mémorable est rude et escarpé ; il nous fallut monter pendant près d'une heure. Enfin nous arrivâmes à l'entrée. Nous avions apporté le fil d'Ariane, c'est-à-dire une ficelle de quatre cents toises de long, que nous attachâmes à la porte. Nous y plaçâmes deux janissaires pour la garder, avec défense de laisser entrer personne. L'ouverture du labyrinthe est naturelle et peu large. Quand on s'est un peu avancé dans l'intérieur, on trouve un grand espace parsemé de grosses pierres, et couvert d'une voûte plate taillée dans l'épaisseur de la montagne. Pour se conduire dans ce séjour ténébreux, chacun de nous tenait à la main un gros flambeau. Deux Grecs portaient le peloton de ficelle qu'ils déroulaient ou ployaient suivant les circonstances. Nous nous égarâmes d'abord dans diverses allées sans issue, et il fallut revenir sur nos pas. Enfin nous trouvâmes le canal véritable ; il est à droite en entrant ; on y monte par un sentier étroit, et l'on est obligé d'y ramper sur les pieds et les mains l'espace de cent pas, parce que la voûte est extrêmement basse. Au bout de ce conduit étroit le plafond s'exhaussa tout-à-coup et nous pûmes marcher debout. Au milieu des ténèbres épaisses qui nous environnaient, des routes nombreuses qui s'écartaient de chaque côté et se croisaient en différents sens, les deux Grecs que nous avions loués tremblaient de frayeur. La sueur découlait de leur front, et ils ne voulaient pas avancer, à moins que nous ne fussions à leur tête.

Les allées que nous parcourions étaient ordinairement hautes de sept à huit pieds. Leur largeur variait depuis six jusqu'à dix, et quelquefois davantage. Toutes sont taillées au ciseau dans le rocher, dont les pierres, d'un gris sale, sont posées par couches horizontales. En quelques endroits, de grands blocs de ces pierres, à moitié détachées de la voûte, semblent prêts à tomber. Il fallait se baisser pour passer dessous, au risque d'être écrasé par leur chute. Les tremblements de terre, très fréquents dans l'île de Crète, ont sans doute causé ces dégâts.

Nous errions ainsi dans ce dédale, dont nous cherchions à connaître toutes les sinuosités; lorsque nous avions parcouru une allée nous entrions dans une autre. Souvent nous étions arrêtés par une impasse. Quelquefois, après de longs détours, nous étions étonnés de nous trouver au carrefour d'où nous étions partis. Alors nous avions embrassé avec notre corde une grande étendue de ce rocher, il fallait la replier et revenir sur nos pas. Il n'est pas possible de décrire combien ces routes sont multipliées et tortueuses. Les unes forment des courbes qui conduisent insensiblement à un grand vide soutenu par d'énormes piliers, et d'où partent trois ou quatre rues qui mènent à des lieux opposés. D'autres, après de longs circuits, se divisent en plusieurs rameaux. Celles-ci se prolongent fort loin, et, terminées par le rocher, obligent le voyageur de retourner en arrière. Nous marchions avec précaution dans les replis de ce vaste labyrinthe, au milieu des ténèbres éternelles qui l'habitent, et dont les flambeaux ont peine à percer l'obscurité. L'imagination y crée des fantômes; elle se figure des précipices creusés sous les pas du curieux, des monstres placés en sentinelle, en un mot mille chimères qui n'existent pas.

La précaution que nous avions prise d'y voyager avec le fil d'Ariane, et de l'attacher de distance en distance, de peur qu'il ne se rompît, nous permettait de nous étendre dans tous les sens, ce que Belon, Tournefort et Pokoke n'avaient pu faire faute de pareils moyens. Nous remarquâmes en plusieurs endroits de l'avenue du milieu des chiffres 1700 écrits au crayon noir par la main du célèbre botaniste français. Un fait qu'il cite, et que nous admirâmes comme lui, c'est la propriété qu'a le rocher de relever en bosse les noms qu'on y a gravés. Nous en vîmes plusieurs dont cette espèce de sculpture en relief avait deux lignes d'épaisseur. La matière en est plus blanche que celle de la pierre.

Après nous être promenés pendant longtemps dans l'antre épouvantable du Minotaure, nous arrivâmes à l'extrémité de l'allée qu'avait suivie Tournefort. Nous y trouvâmes une grande salle ornée de chiffres, dont les plus anciens ne remontent pas au-delà du quatorzième siècle. Une autre, à peu près semblable, est à droite. Chacune peut avoir vingt-quatre ou trente pieds en carré. Nous avions déployé presque toute notre ficelle pour y arriver, c'est-à-dire parcouru environ quatre cents toises. Je ne parle point des excursions diverses que nous fîmes. Nous restâmes trois heures dans le labyrinthe, et nous ne cessâmes de marcher, sans pouvoir nous flatter d'avoir tout vu. Je crois qu'il serait impossible à un homme d'en sortir s'il y était abandonné sans fil et sans flambeau. Il s'égarerait dans mille détours. L'horreur du lieu, l'épaisseur des ténèbres, porteraient la frayeur dans son âme, et il périrait misérablement.

A notre retour nous visitâmes un tournant que nous ne connaissions pas. Il nous conduisit à une belle grotte, élevée en dôme, et taillée par les mains de la nature. Elle n'a pas de stalactites. Il n'en paraît pas une seule dans l'étendue du souterrain, parce que l'eau n'y filtre point. Tout y est sec, et comme l'air ne s'y renouvelle pas, il a une odeur très désagréable. Des milliers de chauves-souris, dont la fiente s'élève par monceaux, habitent ce séjour ténébreux. Ce sont les seuls monstres que nous y découvrîmes. Nous en sortîmes avec bien du plaisir, et nous respirâmes avec délices l'air extérieur. La nuit commençait à épaissir ses voiles. Le chemin était difficile. Nous nous hâtâmes de descendre de la montagne, et nous entrâmes dans une ferme voisine où un Turc nous donna l'hospitalité.

XXIV

DIVERS auteurs, Madame, du nombre desquels sont Belon et Pokoke, prétendent que le labyrinthe dont je viens de vous entretenir n'est qu'une carrière d'où l'on tira la pierre qui servit à bâtir la ville de Gortyne. M. Tournefort combat cette opinion d'une manière victorieuse ; il établit que la pierre de ce souterrain, molle et tendre, n'est pas propre à l'architecture, qu'il en aurait coûté des sommes énormes pour la conduire à la ville, à travers des monts escarpés. Il était bien plus naturel d'en tirer des montagnes qui touchent Gortyne. Si le labyrinthe n'eût été qu'une carrière ordinaire, pourquoi aurait-on laissé à l'entrée un canal de cent pas de long, si bas que l'on n'y marche qu'en rampant, et d'où l'on ne peut faire sortir les pierres qu'après les avoir mises en morceaux? C'eût été doubler inutilement les peines et les dépenses. Il est plus naturel de penser, ajoute M. Tournefort, que la nature a fait les frais du labyrinthe, et que l'on n'a pas touché au conduit étroit de l'entrée, pour annoncer à la postérité quel était l'état de ces routes souterraines avant que la main des hommes les eût agrandies. Il est évident que l'on n'a songé qu'à les rendre praticables, puisqu'on ne les a débarrassées que des pierres surabondantes. On y a laissé toutes celles qui ne gênent point la marche. Elles sont proprement rangées le long des murs.

Mais quelle fut la destination de ce labyrinthe? Remonte-t-il à une haute antiquité ? Est-ce là que fut enfermé le Minotaure? Voilà des questions auxquelles je crois que personne n'a répondu. Tâchons, s'il est possible, de les résoudre. La découverte d'une vérité qui était ensevelie dans la nuit des temps fait plaisir au lecteur, et dédommage de ses peines celui qui l'a trouvée.

D'abord il est certain que l'antre immense dont j'ai décrit les détours n'est point le labyrinthe construit par Dédale, sur le plan de celui d'Egypte. Toute l'antiquité atteste que le monument élévé par ce célèbre architecte était situé à Cnosse.

Jean Tzetzès décrit parfaitement cet édifice fameux, et l'usage auquel il servait. Dédale l'Athénien fit, pour le roi Minos, une prison dont il était presque impossible de sortir. Ses nombreux circuits avaient la forme d'un limaçon. On la nomma le Labyrinthe. Philocore assure, d'après le témoignage unanime des Crétois, que le labyrinthe était une prison qui avait pour objet d'empêcher les malfaiteurs d'en sortir.

Permettez, Madame, que je remonte un peu haut, afin de jeter quelque clarté sur des faits mêlés de beaucoup de fables. Peut-être, en réunissant les opinions diverses des auteurs, pourrons-nous soulever le voile qui couvre la vérité. Vous savez qu'Androgée, fils de Minos, était allé à Athènes. Egée, à son retour de Trézène, célébra les combats nommés Panathéens. Toute la Grèce se rendit à ces jeux solennels. Le héros crétois parut dans la lice, vainquit tous les combattants, et fut couronné publiquement. Ce prince se lia d'amitié avec les Pallantides qui avaient des droits au trône. Egée, craignant les suites de cette liaison, le fit assassiner près d'Œnan, dans l'Attique, lorsqu'il se rendait à un spectacle sacré.

Minos vint, à la tête d'une armée navale, demander vengeance du sang de son fils. Après un siége long et meurtrier, pendant lequel la peste ravagea la ville d'Athènes, Egée, incapable de se défendre plus longtemps, demanda au roi de Crète quelle satisfaction il voulait. Ce prince exigea qu'on lui envoyât tous les sept ans sept garçons et sept filles pour être livrés au Minotaure. On lui abandonna ces malheureuses victimes, et il les emmena sur sa flotte. Au terme marqué il reparut à la tête d'une escadre, et on le satisfit encore.

Ces enfants étaient tirés au sort, et les parents de ceux sur lesquels il était tombé murmuraient hautement contre Egée. Ils s'indignaient que l'auteur du mal fût le seul à n'en point ressentir la peine, qu'il destinât son trône à un fils naturel tandis qu'il les privait de leurs enfants légitimes, et penchaient à la révolte. Lorsque l'époque du troisième tribut fut arrivée, Thésée, que plusieurs belles actions avaient déjà mis au rang des héros, et qui, à la fleur de son âge, réunissait tous les talents de l'esprit et du corps, voulut faire cesser les murmures. Il se mit au nombre des victimes, et résolut de périr ou d'affranchir son pays d'un joug odieux. Il partit après avoir fait des sacrifices à Apollon de Delphes.

Inutilement donc nous chercherions à soulever le voile dont la fable a couvert le Minotaure.

Voici comment étaient faits les labyrinthes de Crète. L'un, situé à Cnosse, était un édifice bâti par Dédale, et qui, par ses différents circuits, trompait ceux qui s'y étaient engagés, et s'opposait à leur retour. Il avait la forme d'un limaçon. Minos en fit une prison royale; mais les coupables qu'on y enfermait n'étaient privés que de leur liberté.

L'autre, placé près de Gortyne, et appelé par les anciens le labyrinthe de Gortyne, subsiste encore, et la lettre précédente vous l'a fait connaître. Il fut en partie construit par le fils de Taurus. La nature l'avait ébauché. Il en rendit les allées plus spacieuses, et en creusa de nouvelles. C'était dans cet antre que le roi lui envoyait les personnes dont il voulait se débarrasser. Ainsi nous avons parcouru l'habitation ténébreuse de cet homme qui, par la férocité de son caractère, mérita d'être transformé en monstre.

Au reste, il se trouvait dans divers pays de pareils labyrinthes plus ou moins compliqués. Près de Nauplia, dit Strabon, on voit des antres dans lesquels on a formé des labyrinthes que l'on nomme les Cyclopes.

XXV

CONTINUONS, Madame, notre voyage. Le fermier turc qui nous avait donné un asile au sortir du labyrinthe nous traita de son mieux; mais nous eûmes pour lit le tapis sur lequel nous soupâmes, et nous y couchâmes tout bottés. Le matin, la toilette fut bientôt faite, et nous partîmes au lever du soleil, après avoir satisfait notre hôte, qui accepta ce que nous voulûmes bien lui présenter.

Pendant quelques heures nous marchâmes dans la plaine. La route était aussi facile qu'agréable. Elle devint fort rude lorsque nous eûmes gagné les hauteurs. Nous côtoyions les collines qui terminent le mont Ida, du côté du midi. Deux chaînes de montagnes secondaires formaient entre nous et lui un double amphithéâtre, au-dessus duquel il élevait sa tête majestueuse. Nous apercevions de gros nuages d'une blancheur éclatante, qui venaient se ranger autour de son sommet. Ils l'environnaient d'une couronne d'argent qui, éclairée par le soleil, jetait un éclat merveilleux. Ces nuées, cédant aux lois de l'attraction, après avoir ceint, pendant quelques heures, la cime de la montagne, se résolvaient en gouttes insensibles sur tous les objets d'alentour, et disparaissaient entièrement; d'autres venaient prendre leur place, et se dissipaient comme les premiers.

Cette force, universellement répandue, qui précipite les nuages vers la crête des hautes montagnes, est l'origine des sources, des fontaines, des ruisseaux et de tous les fleuves du monde. Lorsqu'elles se trouvent dans des régions élevées, où le froid condense les fluides, l'eau des nuées se convertit en grêle et en neige; mais si elles n'atteignent qu'une hauteur moyenne où le froid n'est pas violent, les nuages se fondent en brouillards, en pluies, en rosées abondantes. Si les monts sont couverts de forêts, les sources et les ruisseaux deviennent plus nombreux, parce que les feuilles des arbres ont surtout la propriété de pomper l'humidité répandue dans l'atmosphère. Pour donner des eaux à un pays aride, il suffirait de planter des futaies sur le haut des coteaux. Lorsqu'on voit les anciens décorer du nom de fleuves le Glaucus, le Xantus, qui coulent dans l'Asie-Mineure, et ne sont aujourd'hui que des ruisseaux, on est tenté de soupçonner leur fidélité. Mais si l'on réfléchit que les monts où ces rivières ont leur source, aujourd'hui dépouillés d'arbres et de terre, n'opposent plus une barrière au cours des nuages; qu'autrefois, couronnés de forêts, ils les fixaient autour de leur cime, et s'emparaient de leur humidité, on croira sans peine que le Glaucus, le Xantus et tant d'autres, recevant anciennement des ruisseaux plus abondants, méritèrent le nom de fleuves.

Tandis que nous voyagions autour du mont Ida, nous aperçûmes son front s'obscurcir peu à peu, et bientôt disparaître sous un brouillard épais. Peu de temps après nous vîmes des flots de neige blanchir sa tête chauve, et l'hiver la couvrir de son manteau éclatant. Moins élevés d'environ douze cents toises, nous jouissions d'une température charmante. Le ciel était pur et serein, et le soleil parcourait la voûte azurée dans tout l'éclat de sa gloire ; dans les vallées profondes qui s'étendaient à notre gauche, les myrtes et les lauriers roses bordaient le lit des torrents ; les arbres verts ornaient le pied de la montagne ; et au mois de novembre nous trouvions des bosquets dont la verdure était aussi fraîche qu'aux jours du printemps.

Le mont Ida commence vers Candie, et se prolonge d'orient en occident, jusqu'aux monts Blancs. Il s'étend de la mer du nord jusqu'à celle du sud. C'est le plus haut de l'île. Dans plusieurs endroits il conserve de la neige toute l'année. De son sommet on aperçoit la mer de Crète et celle de Lybie. Les regards se promènent sur un immense horizon, et l'on découvre plusieurs îles semées dans l'archipel, telles que Cythère, le Mile, l'Argentière. Si l'on veut se borner à contempler les objets que l'on a devant soi, on les voit se dessiner en perspective, produire çà et là des tableaux variés, et des points de vue d'une richesse et d'une beauté surprenantes.

Dans l'été, lorsque les neiges sont fondues, de vastes plaines, placées sur la pente de la montagne, offrent d'excellents pâturages aux troupeaux. La partie qui regarde Candie possède des forêts où l'érable et le chêne-vert dominent. Les flancs, qui se prolongent vers le midi, sont plantés d'arbousiers, d'andrachnés, de cystes et d'alaternes. Les cèdres, les pins et les cyprès ornent sont front à l'orient. Du côté de l'occident, la montagne, taillée à pic, ne présente que des rochers entassés qu'il est impossible d'escalader. Elle est enrichie d'une foule d'autres plantes, qui feraient la joie du botaniste, telles que le vrai mélilot, la marjolaine à fleurs rouges, etc. Des sources abondantes se précipitent de toutes parts des sommets du mont. Les unes coulent en torrents dans les vallées; d'autres arrosent des plaines où l'on récolte d'abondantes moissons; celles-ci, distribuées avec art, entretiennent la fécondité d'une multitude d'arbres fruitiers répandus autour des villages. Les coteaux exposés à l'ardeur du soleil sont couverts de vignes qui produisent des vins exquis, et partout les oliviers font la richesse des campagnes.

La diversité des paysages, qui occupaient sans cesse nos regards, nous faisait oublier les dangers auxquels nous nous étions exposés. Nous longeâmes, pendant une lieue, la pente d'une colline très élevée. D'un côté, le terrain, taillé à pic, se présentait comme un mur; de l'autre, nous avions un ravin profond de deux cents pieds, où un torrent roulait avec fracas parmi les cailloux qui remplissaient son lit. Le sentier devint si étroit que, lorsque nous y fûmes engagés, il était impossible de descendre sans risquer de se précipiter, soi ou sa monture. Dans plusieurs endroits, ce chemin dangereux n'avait qu'un pied et demi de largeur, et l'abîme était à côté. Lorsqu'on en contemplait la profondeur, on ne pouvait s'empêcher de frémir. Ce fut alors que nous éprouvâmes la bonté de nos chevaux. Aucun d'eux ne broncha. Ils semblaient sentir le danger, marchaient avec précaution, et examinaient où ils devaient poser le pied. Cependant, dans un lieu humide, le mien glissa un peu, et fut un instant en équilibre sur le bord du précipice. Je ne fis aucun mouvement, et il continua sa route. Nous descendîmes de ces hauteurs par une vallée si rapide que le dos du cavalier touchait la croupe du cheval. Enfin, après dix heures de marche, nous arrivâmes sains et saufs au monastère d'Asomatos.

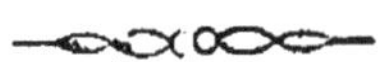

XXVI

Le monastère d'Asomatos, Madame, est situé au pied du mont Ida, du côté du midi. Il en est fort près, et il semble que les quartiers de rocher qui pendent en divers endroits aillent fondre sur la maison, et l'abîmer sous leurs débris. L'autre côté du couvent est plus agréable : on y voit des vergers remplis de jujubiers dont les fruits étaient mûrs, d'orangers, de citronniers et d'amandiers. Les religieux possèdent de riches plantations d'oliviers, des terres labourables, et d'excellents vignobles placés sur les coteaux. De nombreux ruisseaux fertilisent leurs champs. Asomatos serait une habitation charmante s'il était un peu plus éloigné des montagnes.

Nous montâmes à cheval vers sept heures du matin, et fîmes de grands remerciements au supérieur, qui vint nous souhaiter un heureux voyage. Notre projet était d'aller déjeuner à Arcadi, le plus beau monastère de l'île. Nous n'avions que trois lieues à faire, et comptions y arriver de bonne heure. Mais les chemins sont épouvantables. Nous montâmes, pendant une heure et demie, pour arriver au sommet de la première chaîne des hauteurs qui courent parallèlement au mont Ida, et sur laquelle Arcadi est bâti. Nous rencontrâmes des sentiers escarpés, taillés par gradins dans le rocher, et il fallait que nos chevaux gravissent ces marches de granit et de marbre sans glisser, sans broncher, autrement ils nous auraient brisés sur les pierres ou précipités dans les torrents. Je n'ajoute rien, Madame, à l'horreur des chemins que nous avions à parcourir. La première fois qu'on voyage en Crète, on croit à chaque pas sa vie en danger. Bientôt l'expérience rassure, et il n'est point de lieux si horribles qu'on ne les franchisse avec les mules et les chevaux du pays.

Nous étions dédommagés de nos fatigues par la beauté des sites qui s'offraient à nos regards. Nous traversions des bois d'arbousiers, d'andrachnés et d'alaternes, dont la verdure est éternelle. Des sapins d'une hauteur prodigieuse s'élevaient du milieu des neiges, où l'on trouve des troupeaux de bouquetins et de chèvres sauvages. Dans les vallons, le cours des eaux était dessiné par des touffes de myrtes, dont quelques rameaux étaient fleuris, et qui mêlaient le vert luisant de leur feuillage à celui du laurier-rose. Les moutons paissaient sur la pente des rochers, et les hameaux, entourés de bouquets d'arbres, formaient des payages que l'œil ne pouvait se lasser d'admirer. Quelquefois ces tableaux étaient rapprochés, et l'on pouvait en détailler toutes les parties; quelquefois ils fuyaient dans un lointain obscur, et ne présentaient que des ombres légères, gracieusement dessinées dans l'horizon.

Après trois heures d'une marche pénible, nous arrivâmes au couvent d'Arcadi; le supérieur nous reçut poliment, et nous fit préparer à déjeuner. Ce monastère, situé dans le mont Ida, possède des terres immenses que les nombreux caloyers qui l'habitent cultivent avec soin. L'huile, le vin, les blés, la cire qu'ils recueillent chaque année montent à des sommes considérables. Ils jouissent d'une grande aisance, et accueillent fort bien les voyageurs.

Les maisons qui composent le monastère sont construites à l'entour d'une vaste cour. On y voit une belle, église où les Grecs des environs se rassemblent pour assister à l'office divin. Parmi ce grand nombre de religieux il se trouve peu de prêtres. La plupart n'entrent point dans les ordres sacrés. Ils servent dans l'état de frères, et sont employés aux plus rudes travaux de l'agriculture. Nous demandâmes à voir la bibliothèque du couvent dont on nous avait parlé avec emphase. C'était, dit-on, la plus riche et la plus complète de l'île. Nous croyions y trouver des trésors littéraires, ou au moins les meilleurs auteurs de l'antique Grèce. On nous conduisit à une chambre où nous vîmes environ deux cents bouquins rangés sur des planches. Ils étaient couverts de poussière, et il paraît que depuis longtemps ils n'avaient reçu l'honneur d'une visite. Presque tous contenaient de la théologie, des sermons, ou de la controverse. Après en avoir feuilleté un grand nombre sans avoir rien trouvé qui méritât notre attention, excepté un Homère manuscrit que l'on ne voulut pas nous vendre, nous allâmes remercier le supérieur, et prîmes la route de Rétimo.

En quittant le monastère, nous descendîmes pendant une heure pour gagner la plaine. Lorsque nous y fûmes parvenus, nous eûmes un chemin uni et doux; nous traversions des campagnes comparables, par leur fraîcheur et leur fécondité, au comtat d'Avignon ; seulement les productions et les arbres étaient différents. On ne s'ennuie point en voyage quand on parcourt un beau pays. C'est alors qu'on se félicite d'être à cheval. On découvre un horizon plus étendu, et l'on ne perd rien des sites, des paysages et des beautés de la nature. Lorsque la température du climat est douce, on jouit encore de la sérénité du ciel, de la pureté de l'air, de la fraîcheur des vents, et des parfums exquis que les plantes balsamiques exhalent de toutes parts. Enfermé dans une voiture, le voyageur perd presque tous ces avantages. Aussi dans tout l'Orient on ne va qu'à cheval, sur des mules ou des chameaux. Les litières ne sont faites que pour les femmes emprisonnées, même en voyageant.

Un riche négociant juif, établi à Rétimo, y faisait

tranquillement son commerce à la faveur d'un firman de la Porte que le consul de France lui avait obtenu. Il avait intérêt à ménager le nouveau consul; aussi fit-il de grands préparatifs pour le recevoir. Dès qu'il sut que nous approchions, il lui envoya un cheval superbement enharnaché, et nous fîmes une entrée pompeuse dans la ville. Nous allâmes descendre à la maison du négociant, où nous trouvâmes toutes les commodités que nous pouvions désirer. Afin que nous pussions jouir de la fraîcheur du soir, on servit le souper sous un vestibule ouvert d'un côté sur la cour, de l'autre sur un jardin rempli d'orangers. Ce fut un vrai festin où notre hôte étala une abondance et une somptuosité dont je n'ai point vu d'exemples. On plaça d'abord sur la table trois agneaux rôtis, dont deux étaient farcis. Trois dindes les remplacèrent; six perdrix, six poulardes, six pigeons et une douzaine de cailles excellentes formèrent le troisième service. On couvrit ensuite la table de fruits, de confitures, de pâtisseries aux amandes et aux pistaches, et d'une foule de mets délicats. Une longue route à travers des monts escarpés avait aiguisé notre appétit, et il faisait honneur à tout; le bon vin le soutenait encore. C'est là que j'ai goûté pour la première fois le *vin de Loi* (1), presque inconnu en France, mais très digne de l'être.

(1) C'est le nom que les Français donnent à un vin blanc fait par les Juifs de Rétimo. Il est cueilli sur des coteaux exposés à toute l'ardeur du soleil. Il excite dans l'estomac une douce chaleur. Il a un goût fin, délicat, parfumé, et qui ne ressemble à aucun de nos vins de France.

Pour rendre la fête complète, on fit venir un virtuose du pays; c'était un Turc qui joua du violon pendant une partie du repas. Ces gens ne connaissent pas une note de musique; ils jouent de mémoire, quelquefois d'imagination, et exécutent tous les airs, toutes les idées qui leur passent par la tête. Tantôt il filait une suite de sons gais, vifs, légers, qui flattaient agréablement l'oreille; plus souvent sa musique triste et mélancolique imitait les accents plaintifs de la romance, et excitait dans l'âme des sensations profondes. Cet improvisateur musicien avait quelque chose d'étonnant; son jeu était très varié, et des passages extrêmement tendres forçaient, pour ainsi dire, le cœur et l'oreille de se prêter à la mélodie de ses sons. Il jouissait à Rétimo d'une grande célébrité, et je crois qu'à Paris on ne l'eût pas entendu sans plaisir.

Si nous avions cru notre hôte, nous aurions passé la nuit à table; mais il fallait partir le lendemain, et vers minuit nous montâmes à des appartements fort propres qui nous étaient destinés. Nous y trouvâmes des lits moelleux et doux qui semblaient inviter le sommeil. Il nous prodigua ses faveurs, et versant son baume salutaire sur nos membres fatigués, il fit couler dans tout notre corps la chaleur d'une nouvelle vie.

XXVII

Rétimo est l'ancienne *Rhitymnia* d'Etienne le géographe. Ptolémée l'appelle *Rhitymna*. C'est une jolie ville placée à l'entrée d'une plaine couverte de richesses. Elle a peu d'étendue et contient à peine six mille habitants. Une citadelle bâtie sur un rocher qui s'avance dans la mer suffirait à sa défense, si elle n'était dominée par un mont élevé, d'où l'on peut la battre avec succès. Le port presque entièrement comblé ne reçoit plus que des barques. Les Turcs laissent agir le temps, sans s'occuper des dégradations qu'il entraîne, et voient d'un œil tranquille dépérir les ouvrages les plus utiles. Aussi de toutes parts leurs ports se comblent, et le commerce qu'ils attiraient fuit vers des lieux plus commodes. Autrefois la nation française entretenait un vice-consul à Rétimo, où les navires de Marseille venaient charger de l'huile. Depuis longtemps ils ne peuvent plus y aborder, et le gouvernement a retiré un officier sans emploi.

Cependant il serait de la dernière importance de rétablir le port de Rétimo. Les plaines qui l'entourent abondent en productions diverses. On y recueille beaucoup d'huile, de coton, de safran, de cire, et ces différentes branches de commerce s'étendraient davantage si les habitants pouvaient transporter leurs marchandises au-dehors. Leurs jardins produisent les meilleurs fruits de l'île. Les grenades, les amandes, les pistaches, les oranges, y sont excellentes. C'est là qu'on trouve l'abricotier qui produit le *michmich*, dont le jus est délicieux et dont l'odeur embaume. C'est une espèce d'alberge, mais plus fondante et plus petite que celle de France.

A cinq lieues de cette ville s'ouvre une campagne immense entre l'extrémité occidentale du mont Ida et la première chaîne des monts Blancs. Cette large vallée possède le village de Marguaritès, le plus peuplé de l'île; il contient environ dix mille Grecs qui cultivent les riches plaines d'alentour, et qui transporteraient à Rétimo leurs huiles, leurs grains, leurs denrées, si elles avaient un port. Cette bourgade n'est qu'à deux lieues de la mer du nord, et à quelque distance de la route de Candie. Elle est baignée par une petite rivière qui tombe en cascade des montagnes. La température charmante et les productions variées de cette jolie contrée invitèrent les Vénitiens à l'habiter. Ils y avaient construit des maisons de campagne où ils allaient passer une partie de l'année. On en reconnaît encore plusieurs, et l'on regrette de les voir occupées par des Grecs ignorants ou des Turcs barbares. Il ne reste plus que les débris des jardins que l'art avait dessinés, et que la nature se plaisait à décorer de fleurs et de fruits sans cesse renaissants. Les Grecs de Marguaritès, instruits sans doute par leurs anciens maîtres, ont conservé l'art de tirer de l'olive une liqueur agréable. Dans le reste du pays, l'huile épaisse et grossière ne saurait flatter le palais d'un Français accoutumé à celle de Provence. Celle que l'on fait à Marguaritès, travaillée avec plus de soin, est très bonne et conserve un goût de fruit et une faveur agréable. Cette riche vallée, ce grand village, sont un apanage de la sultane *Walidé*. Elle y envoie un officier pour en recueillir les tributs. Les pachas de Rétimo et de Candie n'y ont aucune autorité.

Nous quittâmes Rétimo comblés des dons du négociant juif, qui nous chargea de provisions pour la route. A la sortie de cette ville, nous eûmes deux lieues de mauvais chemins taillés dans le roc vif. Descendus de ces hauteurs, nous côtoyâmes pendant trois lieues le rivage de la mer, et quoique nos chevaux enfonçassent dans le sable, nous allions grand train. Lorsque nous eûmes gagné la croupe des monts Blancs, dont la pointe va former vers le nord le promontoire Drepassum, il nous fallut sans cesse grimper sur des rochers élevés, et descendre dans des vallées profondes. Cette marche était très pénible. Nous nous délassâmes sur un tapis de verdure dont une source entretenait la fraîcheur. Le feuillage de quelques oliviers nous servait d'ombrage. Nous étalâmes les provisions du bon juif, et nous ne les épargnâmes point. On nous avait prévenus que, dans une maison où nos guides devaient nous conduire, le consul de France avait fait préparer un souper à son successeur ; cette espérance flatteuse nous rendit prodigues, et nous en portâmes la peine.

Nous remontâmes gaiement à cheval, et nous fîmes encore six lieues par des chemins affreux. Nous avions quitté la route ordinaire, et nous errions à l'aventure à travers les montagnes, d'où nous faillîmes cent fois nous précipiter. Nous traversâmes une rivière où nos chevaux étaient presque à la nage. Pour comble de maux la nuit approchait, et nous voyions à peine assez pour nous conduire. Lorsque les ténèbres furent devenues plus épaisses, il fallut abandonner le soin de nos jours à la sagacité des animaux qui nous portaient. Enfin nous arrivâmes au village indiqué, et nous entrâmes tout joyeux dans la maison où nous devions être attendus ; mais le consul de France, vieux et avare, n'avait point tenu ses promesses, et, contre l'usage reçu parmi ses confrères, nous avait entièrement oubliés ; ainsi nous ne trouvâmes aucune espèce de provisions ; tous les habitants étaient couchés. Cependant, à force de recherches, on nous procura des olives, des œufs, et de mauvais pain. La nécessité nous força de nous en contenter. Tandis que nous faisions ce triste repas, l'imagination perfide nous retraçait sans cesse le souper de la veille. Dans cette fâcheuse conjoncture, chacun maudit le consul. Nous nous couchâmes tout bottés, tout habillés, sur des nattes, des planches ou de mauvais matelas, et nous tâchâmes de trouver dans les douceurs du sommeil un remède à nos maux.

XXVIII

La maison où nous logions n'est qu'à deux lieues de Palio-Castro, situé à la pointe du cap Drepassum.

C'est ici que Murtius, dans la carte ancienne qu'il a publiée, place le *Museum*, où se termina le fameux combat des Syrènes et des Muses. Il marque Aptère à peu de distance vers les montagnes. D'autres auteurs prétendent que la situation de cette ville est désignée par quelques ruines qui restent à Palio-Castro. Ces opinions sont sans fondement. Strabon fait connaître d'une manière précise la position d'Aptère, en la plaçant à quatre lieues de Cisanum, qui lui servait de port. Or cette dernière ville se trouve au fond du golfe formé par le cap Spada et celui de Suse, à plus de douze lieues du promontoire Drepassum. Il est donc impossible qu'Aptère ait été située près de ce cap.

La dureté de nos lits, Madame, ne nous ayant pas permis de dormir longtemps, nous nous levâmes avant le jour, et nous nous mîmes en marche à trois heures du matin. Nous quittâmes notre gîte sans regret, et nous ne songeâmes qu'à gagner la Canée, dont nous n'étions éloignés que de cinq lieues. A une demi-lieue du village il nous fallut traverser une rivière dont l'eau était profonde. Nous étions encore environnés des ténèbres de la nuit. Nos guides passèrent les premiers, et nous les suivîmes. Pour regagner la grande route, dont nous nous étions écartés la veille, nous traversâmes un pays montueux où il se trouvait à peine un sentier frayé. Nous allions tous à la file et au petit pas. Au milieu de l'obscurité où nous étions plongés, les monts nous semblaient d'une hauteur effrayante, et un vallon paraissait une abîme. Ces illusions se dissipèrent bientôt. Le jour parut, et nous commençâmes à distinguer les objets. Tout-à-coup le soleil se montra comme un globe de feu au sommet des montagnes. Son aspect réveilla nos sens assoupis, et dissipa les fantômes de la nuit. Les faisceaux lumineux qu'il répandait allaient au loin éclairer la cime d'un rocher, dorer le feuillage des arbres plantés sur les collines ou le sommet d'une tour. Peu à peu il inonda la plaine de ses feux, et réjouit les regards par les magnifiques spectacles qu'il déploya de toutes parts. Alors l'homme ranimé éprouve un sentiment de joie et de bonheur, et contemple dans un repos délicieux les merveilles de la création. Le plaisir que produit la vue du soleil levant est universel. Tous les êtres l'éprouvent. Les oiseaux remplissent l'air de leurs chants; les animaux mugissent dans la plaine; les agneaux bondissent en bêlant autour de leurs mères; les habitants des eaux s'élancent à la surface. Chacun d'eux exprime à sa manière sa reconnaissance au Dieu puissant et bon qui l'a créé.

Lorsque nous eûmes gagné le grand chemin, nous découvrîmes le golfe de la Sude et le château qui en ferme l'entrée. Au-delà paraissait la tête du cap Mélec, hérissée de rochers. Nous descendîmes dans la plaine qui conduit à la Canée, et à une lieue de cette ville le vice-consul vint nous recevoir. On amena au nouveau consul un beau cheval richement caparaçonné. Nous nous rangeâmes sur deux lignes, et nous entrâmes dans les murs de l'antique Cydon. Les Turcs, en signe de réjouissance, versèrent des flots de café sous les pieds des chevaux. Nous descendîmes à la porte de la maison consulaire. Ici,

Madame, finit ce voyage, pendant lequel nous visitâmes les endroits les plus curieux de l'île. J'ai parcouru depuis un grand nombre de lieux qui méritent des descriptions particulières. Je vous en ferai part dans le cours de ces lettres.

XXIX

La ville de la Canée, Madame, est l'antique Cydonia. Strabon marque fort bien sa situation. Cydon, dit-il, est assise sur le bord de la mer, du côté qui regarde la Laconie. Diodore s'accorde avec ce géographe dans la position qu'il donne aux villes bâties par Minos l'ancien. Cnosse est située du côté de l'Asie, Phæstus sur le rivage méridional, et Cydon à l'occident de l'île, en face du Péloponèse. Cette situation répond à merveille à celle de la Canée, et la géographie ne place de ce côté aucune autre ville considérable. Les Cydoniens jouissaient d'un port excellent qu'ils fermaient avec une chaîne. L'entrée de celui de la Canée est fort étroite, et il serait très aisé de le barrer ainsi.

L'origine de Cydon est incertaine. Etienne de Byzance dit qu'elle fut d'abord nommée Apollonia, de Cydon, fils d'Apollon. Pausanias en attribue la fondation à Cydon, fils de Tégète, qui passa en Crète. Hérodote assure qu'elle fut bâtie par les Samiens, et que les temples qu'elle possède sont leur ouvrage. Alexandre enfin, au premier livre des Crétois, prétend qu'elle reçut son nom de Cydon, fils de Mercure. Vous voyez, Madame, que cette diversité d'opinions ferme tout accès à la vérité. Mais aussi n'est-il pas bien important de connaître au juste le fondateur de cette ville.

Nous savons qu'elle jouit d'une grande puissance, qu'elle fit face aux armes réunies des Cnossiens et des Gortyniens, et qu'elle soutint la guerre contre eux avec succès. C'était la plus grande ville de l'île, et elle faisait pencher la balance en faveur du parti pour lequel elle se déclarait. Elle soutint des siéges fameux. Phalécus, prince des Phocéens, étant passé en Crète avec une flotte et un grand nombre de troupes, l'assiégea par terre et par mer, et il perdit devant ses murs son armée et la vie. Enfin Metellus, ayant subjugué l'île, tourna toutes ses forces contre Cydon, et après beaucoup de résistance la soumit aux Romains.

Cydon occupait l'emplacement de la Canée, et se prolongeait une demi-lieue au-delà du côté de Saint-Odero, où l'on voit, sur le bord de la mer, des restes d'anciennes murailles construites avec beaucoup de solidité. La Canée, bâtie par les Vénitiens, n'a pas plus de deux milles de circuit. Elle est ceinte, du côté de terre, d'un simple cordon de murailles extrêmement épaisses, et défendues par un fossé profond et large taillé dans le roc. En le creusant davantage on ferait circuler la mer autour de ses remparts, sur lesquels on a élevé des cavaliers pour battre de plus loin dans la plaine. Elle n'a qu'une porte, celle de Rétimo, couverte par une demi-lune. C'est le seul fort extérieur. La ville est mieux fortifiée du côté de la mer. La gauche du port a quatre batteries élevées les unes au-dessus des autres, et munies de grosse artillerie de fonte aux armes de Venise. La première est à fleur d'eau. La droite n'est défendue que par un gros mur bâti sur la crête d'une chaîne d'écueils dont il est dangereux d'approcher. A l'extrémité est un vieux château qui tombe en ruines. Au-dessous de ce château les Vénitiens avaient construit de superbes arsenaux voûtés en pierre. Chacune de ces voûtes a assez de longueur, d'élévation et de largeur pour qu'on puisse y fabriquer à l'abri un vaisseau de ligne. Le terrain est en pente, et l'extrémité de ces beaux arsenaux est de niveau avec la mer, de manière qu'il était très aisé de lancer les navires à l'eau. Les Turcs laissent dépérir ce grand ouvrage.

La ville de la Canée est bien percée. Les grandes rues sont tirées au cordeau, et les places décorées de fontaines. Elle ne possède aucun édifice remarquable. La plupart des maisons n'ont qu'un étage, et sont bâties en terrasse. Celles qui environnent le port sont ornées de galeries dont la vue est charmante. On découvre des fenêtres le grand golfe formé par le cap Mélec et le cap Spada, et l'on voit tous les vaisseaux qui entrent ou qui sortent. Le port reçoit des bâtiments de deux cents tonneaux, et, si on le creusait, les plus grosses frégates pourraient y mouiller. Son ouverture est exposée aux vents violents du nord, qui élève quelquefois les vagues par-dessus les remparts ; mais comme elle est étroite, et que le fonds est bon, les navires bien amarrés ne courent aucun danger.

La Canée ne contenait que cinq ou six mille habitants lorsque Tournefort voyageait en Crète; aujourd'hui que les ports de Gira-Petra, de Candie, de Rétimo, sont comblés, les négociants se sont retirés à la Canée, et l'on y compte au moins seize mille âmes.

XXX

Les Turcs qui habitent Candie, Madame, ne sont point aussi soumis aux ordres du Grand-Seigneur que ceux des autres provinces de l'Empire. Ils se soutiennent mutuellement contre l'autorité des pachas, et refusent leur tête au joug du despotisme. Enrôlés janissaires en naissant, ils composent la principale milice du pays, et il serait dangereux de les porter à la révolte. Lorsque des vice-rois ont voulu appesantir sur eux la verge du pouvoir absolu, on les a vus courir aux armes et à la vengeance. Nous venons d'en avoir un exemple frappant sous les yeux. Le pacha de la Canée avait un intendant qui, comme ses pareils, employait tous les moyens pour s'enrichir. Il était maudit du peuple. Les Grecs n'osaient lever la tête, et, victimes de ses injustices, dévoraient leurs chagrins dans le silence. Les Turcs furent moins patients. Ils portèrent leurs plaintes au gouverneur, et lui dénoncèrent les déprédations de son ministre; mais, soit qu'il les partageât, soit qu'il lui fût sincèrement attaché, il ne les écouta pas. Tout-à-coup, le jour des Rois, nous entendîmes un grand tumulte dans la ville. Les janissaires couraient dans les rues le sabre à la main, et criaient aux armes. Dans ces circonstances, les étrangers ont toujours à craindre d'une populace effrénée. Nous restâmes enfermés dans la maison consulaire, attendant l'événement.

La demeure de l'intendant se trouvait en face de nous, de l'autre côté du port. C'était un vaste édifice nouvellement construit. Dans un instant, plus de cinq cents personnes en remplirent les appartements, pillant, saccageant tout ce qu'elles rencontraient. Les uns abattaient les croisées, et les jetaient sur le quai; les autres, montés sur les terrasses, renversaient les parapets; ceux-ci s'en retournaient chargés de meubles; un grand nombre cherchaient de tous côtés l'objet de la haine publique. En moins de deux heures, toute la maison fut vide et à moitié détruite.

Une populace révoltée se porte à des excès que l'on ne peut prévoir. Les soldats s'emparèrent d'un fort élevé qui domine la ville, et d'où ils pouvaient foudroyer le château du pacha. Ils pointèrent dessus de grosses pièces de canon; et, après avoir laissé une garde à ce poste, ils allèrent en corps lui demander justice, résolus de l'ensevelir sous les ruines de son palais s'il la refusait. Toute la ville les suivait avec des cris effroyables. Le vice-roi les entendit. C'était un vieux guerrier, que plusieurs belles actions rendaient respectable. Il se fit transporter, dans un fauteuil, au milieu de sa cour; et lorsqu'il vit que l'orage approchait, que les forcenés menaçaient de renverser la porte, il la fit ouvrir sur-le-champ. A la vue de ce vénérable vieillard, qui portait une longue barbe blanche, tout le monde demeura dans le silence. La surprise avait enchaîné les langues, et les plus audacieux paraissaient immobiles d'étonnement. Personne n'osant prendre la parole : Hé bien, mes enfants, leur dit-il, que demandez-vous ? Tous s'écrièrent alors : Nous voulons la tête de ton intendant. Il a pris la fuite, répondit le pacha ; mais, si vous le trouvez, je vous l'abandonne. Rentrez donc dans le devoir, quittez vos armes, et que chacun se retire chez soi. Cette fermeté en imposa aux plus mutins : et une rébellion qui pouvait avoir les suites les plus funestes fut calmée en un instant par le courage et la sagesse d'un seul homme. Cependant il avait caché son favori, et, la nuit, il le fit embarquer et partir pour Constantinople. Après son départ, tout rentra dans l'ordre, et la paix revint dans les murs de la Canée. Cette émeute nous causa quelques alarmes ; si les habitants s'étaient portés aux dernières extrémités envers leur vice-roi, ils n'auraient pas ménagé les négociants français, et la perte de leur fortune eût été le moindre de leurs maux.

Quelque temps après, il arriva une scène moins alarmante, mais qui vous donnera une idée de la manière dont les Grecs sont traités dans ce pays. Ils n'ont pas le droit d'entrer à cheval dans les villes. Cet honneur est réservé à leur archevêque et aux Européens. L'évêque de la Canée voulut braver cette loi tyrannique. Un soir qu'il revenait de la campagne avec plusieurs religieux, il ne descendit point de sa monture, et, passant outre, il galoppa jusqu'à sa maison. Les janissaires qui gardaient la porte regardèrent cette action comme une insulte. Le lendemain ils ameutèrent la soldatesque, racontèrent l'affront qu'avait reçu le nom musulman, et prirent la résolution de brûler l'évêque et ses prêtres. Déjà ils portaient des matières combustibles pour mettre le feu à sa maison, en vomissant mille imprécations : ces malheureux allaient subir une cruelle destinée, lorsque le pacha, averti à temps, contint la multitude, en faisant crier dans toutes les rues de la ville un firman qui défendait à tout Grec, de quelque état qu'il fût, de coucher dans les murs de la Canée. La défense fut rigoureusement observée. On voyait tous les soirs ces esclaves infortunés sortir honteusement par la porte de Rétimo, et aller chercher un asyle dans les campagnes voisines. Les journaliers et les pauvres, n'ayant pas le moyen de louer une chambre, s'allaient coucher dans les creux des rochers ; d'autres avaient les arbres pour toit et la terre pour lit. Les femmes n'étaient point comprises dans l'anathème. Après deux mois de cet exil nocturne, les époux parlèrent d'accommodement. L'argent ici est le remède à tous les maux : ils réunirent leurs bourses, et à la faveur d'une grosse somme ils firent révoquer l'édit.

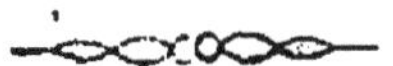

XXXI

Lorsque l'on parcourt divers pays, Madame, même les provinces éloignées d'un même royaume, les changements d'air se font sentir d'une manière très marquée. A la vérité, ces sensations ont pour mesure la sensibilité plus ou moins exquise des individus. Ce ne sont pas seulement les accidents du froid et de la chaleur que l'on éprouve ; on sent, en respirant l'élément de la vie, une odeur, un goût, une saveur qui varient suivant les contrées, les climats que l'on parcourt, et les saisons où l'on s'y trouve. Ces affections produisent du plaisir ou du malaise, suivant qu'elles sont appropriées ou contraires à l'état actuel de notre constitution. Ce phénomène n'a rien d'étonnant. Les exhalaisons de la terre, des eaux, des plantes et des fleurs se combinent avec l'air, et nous les respirons avec lui. Le sage, qui chérit la santé, ne doit donc pas être indifférent sur le choix d'une habitation, puisque la conservation de ce bien précieux en dépend.

Au premier instant où j'abordai sur le rivage d'Alexandrie, je respirai un souffle de feu qui manqua de me suffoquer. Je sentis dans l'air une chaleur fade et humide qui me rendit languissant. J'avais perdu la force et le courage, et je crus qu'il me serait impossible d'habiter un pareil pays. Bientôt une transpiration abondante s'établit. La chaleur, qui faisait bouillonner mon sang, se dissipa, et je fus soulagé.

Aux premiers jours du printemps, lorsque les bois d'orangers qui environnent Damiette étaient en fleur, qu'ils remplissaient l'atmosphère de leurs parfums, que la chaleur modérée laissait au corps sa force et son énergie, on goûtait avec volupté les charmes d'une température si délicieuse; on respirait avec délices un air frais et parfumé, et chaque battement du cœur était une jouissance. Ce plaisir se renouvelait à chaque instant, et ne fatiguait jamais.

Dans ces mêmes lieux, quand, au mois de juillet, le laboureur remuait la boue des marais pour y planter le riz, l'atmosphère se chargeait d'exhalaisons qui pesaient sur la poitrine, et gênaient la respiration. Alors les visages des habitants se décoloraient; ils éprouvaient un malaise général; et si les vents de nord, qui règnent dans cette saison, n'eussent chassé les vapeurs malfaisantes, si la terre ne s'était bientôt couverte de moissons, ils auraient éprouvé des maladies cruelles.

En général, l'Egypte, traversée par un grand fleuve qui l'inonde en partie, est environnée d'une atmosphère très humide. Cette humidité tempère les feux du soleil, et la rend habitable. L'air qu'on y respire est très favorable au poumon. Les maladies de poitrine y sont inconnues; et Gallien, qui avait fait ses études à Alexandrie, et qui connaissait bien la nature du climat, y envoyait les poitrinaires, et ils guérissaient.

De tous les pays que j'ai habités, il n'en est point dont la température soit aussi saine, aussi agréable que celle de Crète. Les chaleurs n'y sont jamais excessives, et les froids violents ne se font point sentir dans la plaine. Pendant une année d'observations faites à la Canée, j'ai remarqué que, à compter du mois de mars jusqu'au commencement de novembre, le thermomètre ne variait que depuis 20 jusqu'à 27 degrés au-dessus du terme de la glace. Cette variation n'est pas considérable. D'ailleurs, dans les jours les plus chauds de l'été, l'atmosphère était rafraîchie par les vents de mer. L'hiver, proprement dit, ne commence qu'en décembre, et finit en janvier. Pendant cette courte saison, la neige ne tombe jamais dans la plaine, et rarement on y voit la surface de l'eau gelée. Le plus souvent on y jouit d'un temps aussi beau qu'en France au commencement de juin. On a donné le nom d'hiver à ces deux mois, parce qu'alors il tombe des pluies abondantes, que le ciel se couvre de nuages, et qu'on y éprouve des vents de nord très violents; mais ces pluies sont utiles à l'agriculture, les vents chassent les nuages vers les hautes montagnes, où se forme le dépôt des eaux qui fertiliseront les campagnes, et l'habitant des plaines ne souffre point de ces intempéries passagères.

Dès le mois de février la terre se pare de fleurs et de moissons; le reste de l'année n'est presque qu'un beau jour. On n'éprouve jamais, comme en France, ces retours cruels d'un froid piquant qui, se faisant sentir tout-à-coup après les chaleurs, gèle la fleur qui venait d'éclore, dessèche le bouton qui s'entr'ouvrait, dévore une partie des fruits de l'année, et détruit les santés délicates. Le ciel est toujours pur et serein; les vents sont doux et tempérés. Le soleil radieux parcourt majestueusement la voûte azurée, et mûrit les fruits sur les monts élevés, les coteaux et dans la plaine. Les nuits ne sont pas moins belles; on y goûte une fraîcheur délicieuse. L'air, moins chargé de vapeurs, laisse à l'observateur découvrir un plus grand nombre d'étoiles. Ces astres nombreux lancent des feux plus vifs, et sèment d'or, de diamants, de rubis, la voûte azurée où ils paraissent attachés. Rien n'est plus magnifique que ce spectacle, et le Crétois en jouit pendant dix mois de l'année.

Aux charmes de cette température se joignent d'autres avantages qui en augmentent le prix. L'île de Crète n'a presque point de marais. Les eaux n'y restent guères stagnantes. Elles coulent du sommet des montagnes en ruisseaux innombrables, et forment çà et là des fontaines superbes ou de petites rivières qui se rendent à la mer. L'élévation des terrains où elles ont leur source leur donne un cours rapide, et elles ne se perdent point dans des lacs ou des étangs. Ainsi les insectes ne peuvent y déposer leurs œufs, qui seraient emportés à la mer, et l'on n'y est point assailli, comme en Egypte, de ces nuées de cousins qui remplissent les appartements, et dont la piqûre est insupportable. Ainsi l'air n'est point chargé des vapeurs dangereuses qui, dans les contrées humides, s'élèvent des lieux marécageux.

Les monts, les coteaux, sont couverts de diverses espèces de thym, de sariette, de serpolet, de cytis odoriférants, et d'une foule de plantes balsamiques. Les myrtes et les lauriers-roses bordent les ruisseaux qui fuient dans les vallées. Les campagnes offrent de toutes parts des bosquets d'orangers, de citronniers, d'amandiers. Des touffes de jasmin d'Arabie sont répandues dans les jardins. Des tapis de violettes les décorent au printemps. Le safran couvre de vastes champs. Le dictame, dont l'odeur est très suave, tapisse le creux des rochers. En un mot, les montagnes, les vallons et les plaines exhalent de tous côtés des odeurs aromatiques qui parfument l'air, et le rendent délicieux à respirer. Le froid, les frimas, les nuages entassés, les glaces et les neiges, affligent l'homme ; ils étendent sur la nature un crêpe funèbre ; ils offrent à ses yeux des images sombres, à son esprit des réflexions mélancoliques, et à son cœur des sentiments douloureux. Souvent ils attaquent sa santé, et lui causent un malaise universel. La vue d'un beau ciel produit sur ses sens un effet contraire. L'aspect du soleil radieux le réjouit. Sa chaleur bienfaisante le ranime, lui donne la vraie gaieté, celle qui naît du sentiment intérieur du bien-aise qu'il ressent. Dans cet état fortuné, pour lui tout est jouissance. Il contemple avec plus de plaisir la richesse des moissons, il admire davantage l'émail des fleurs, il s'enivre avec plus de volupté de leurs parfums, et, heureux de sa propre existence, il semble porter sur tout ce qui l'environne le bonheur dont il jouit.

Il est certain que, sous ce beau climat, l'homme est sujet à moins de maladies et a beaucoup plus de moyens d'être heureux que dans les régions septentrionales, où le froid exerce son cruel empire, et dans nos contrées, où l'hiver, quoique moins long, est quelquefois très rigoureux.

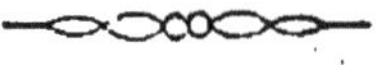

XXXII

L'ILE de Candie, Madame, ne nourrit point de reptiles venimeux. On n'y trouve que très peu de serpents, encore sont-ils petits. Le naturaliste Belon en compte trois espèces, l'*Ophis*, l'*Ochendra*, l'*Ephloti*. Le premier n'est point venimeux; j'ignore si les autres le sont. Je n'ai point entendu parler d'accidents arrivés par leur piqûre.

Les anciens soutenaient que ce beau pays ne contenait aucun animal nuisible. Pline en excepte la tarentule, que Belon appelle *phalangion*. Ils prétendent que son poison est mortel. C'est une espèce d'araignée longue de huit ou dix lignes, qui a la peau écailleuse. Elle se pratique, sur le penchant des petites éminences, un trou assez profond, qu'elle revêt ensuite d'un tissu serré de fils croisés et collés ensemble. Ce petit conduit, au fond duquel elle se tient, est fermé à l'extérieur d'une soupape qui empêche la pluie d'y pénétrer; elle l'ouvre lorsqu'elle va à la chasse des insectes, et la referme lorsqu'elle rentre. Si l'on enferme dans un bocal de verre deux de ces tarentules, elles se piquent mutuellement, et meurent bientôt après. J'ignore l'effet de leur morsure sur les hommes; mais je puis attester celui dont je viens de parler.

Les quadrupèdes de l'île ne sont point malfaisants; on n'y rencontre ni lions, ni tigres, ni ours, ni loups, ni renards, enfin aucun animal dangereux. Les bouquetins et les chèvres sauvages sont les seuls hôtes des forêts qui couvrent les hautes montagnes, et n'ont à redouter que le plomb du chasseur. Le lièvre se tient sur les collines et dans la plaine. Les moutons paissent en sûreté le thym et le serpolet. On les parque tous les soirs, et le berger dort paisiblement, sans craindre que les bêtes féroces viennent porter le ravage et la mort au milieu de la bergerie.

C'est un bonheur pour les Crétois de n'avoir point à souffrir de l'importunité des mosquites, d'être à l'abri du poison des serpents, et de la férocité des monstres des déserts. Les anciens attribuaient ces avantages signalés à la naissance de Jupiter. « Les » Crétois, dit Elien, célèbrent dans leurs chants les » bienfaits de Jupiter, et la faveur qu'il a accordée » à leur île, sa terre natale, sa nourrice, d'être » privée de tout animal nuisible, et de ne pas même » nourrir ceux qui pourraient venir du de- » hors. »

Parmi les plantes médicinales de Crète, le dictame tient le premier rang. Il est étonnant jusqu'à quel point les anciens ont exalté ses vertus. Théophraste, qui rapporte les opinions reçues de son temps, dit : « De toutes les plantes connues, » de toutes celles que la terre produit, le dictame » est la plus précieuse. » Le père de la médecine, le célèbre Hippocrate, ordonnait d'en boire en infusion dans plusieurs maladies.

Je ne rapporterai point, comme plusieurs auteurs, que les chèvres sauvages, percées des traits du chasseur, s'en débarrassaient en mangeant de cette plante précieuse; qu'elle avait la vertu de les guérir lors même qu'ils étaient empoisonnés; que son odeur était si puissante qu'elle écartait les reptiles venimeux, et que sa feuille, en les touchant, les faisait périr. Ces faits sont évidemment exagérés; mais aussi on est peut-être trop indifférent sur l'utilité que la médecine pourrait retirer de cette plante. La feuille est extrêmement balsamique, et la fleur répand une odeur délicieuse. De nos jours, les habitants s'en servent avec succès dans plusieurs circonstances. La feuille desséchée, prise en infusion avec un peu de sucre, compose une boisson plus flatteuse et plus parfumée que le thé; elle guérit sur-le-champ les langueurs d'estomac, et le rétablit après de mauvaises digestions.

Le dictame est particulier à l'île de Crète; on ne le trouve dans aucun autre pays. Il croît dans les fentes des rochers et au fond des précipices. Pline ne l'a pas décrit d'une manière à le faire reconnaître. « Le dictame, dit-il, a des rameaux minces; il » ressemble au pouillot; il est brûlant et âcre au » goût; on ne fait usage que de ses feuilles; il n'a » ni fleur, ni semence, ni tige, etc. » Virgile le » connaissait mieux, et sa description est plus conforme à la vérité. « Sa mère cueille le dictame » sur le mont Ida de Crète. Cette plante porte des » feuilles velues qui se couronnent de fleurs de » pourpre. Les chèvres sauvages y trouvent leur » remède lorsque des flèches aussi rapides que

« les oiseaux les ont atteintes dans leur course. »

Dans une contrée dont l'air est très pur les maladies sont peu fréquentes ; aussi ne voit-on point d'épidémies dans l'île de Candie. Il y règne dans l'été des fièvres qui ne sont pas dangereuses, et la peste y serait à jamais inconnue si les Turcs n'avaient pas détruit les lazarets établis par les Vénitiens pour faire quarantaine. Depuis cette époque, les bâtiments de Smyrne et de Constantinople l'apportent de temps en temps. Ce fléau s'y perpétue faute de précautions, parcourt successivement les diverses provinces, et comme les froids et les chaleurs sont modérés, il exerce quelquefois ses ravages pendant dix-huit mois de suite.

Une maladie moins dangereuse que la peste, mais dont les symptômes ont quelque chose de plus hideux, infecte cette belle contrée ; c'est la lèpre. Elle eut son antique foyer en Syrie, d'où elle a passé dans plusieurs îles de l'Archipel. Elle est contagieuse, et le toucher la communique sur-le-champ. Les victimes qu'elle a attaquées sont reléguées dans de petites masures construites sur le bord des chemins. Il leur est défendu d'en sortir, et de communiquer avec personne. Ces malheureux ont ordinairement autour de leur cahute un petit jardin, des légumes et des poules ; avec ces secours et ceux des passants ils traînent dans les douleurs une vie affreuse. Leur beau boursoufflée est couverte d'une croûte écailleuse, semée de taches rouges et blanches qui leur causent des démangeaisons insupportables. Ils tirent du fond de leur poitrine une voix rauque dont le son fait frémir. Leurs paroles sont à peine articulées, parce que le mal dévore intérieurement l'organe de la voix. Ces spectres horribles perdent peu à peu l'usage de leurs membres. Ils vivent jusqu'à ce que, toute la masse de leur sang étant corrompue, ils tombent en putréfaction. Il n'est point de spectacle plus triste, plus effrayant que celui d'un lépreux, point de tourments comparables à ceux qu'il endure. Il serait digne d'un médecin ami de l'humanité de chercher un remède à une contagion si cruelle.

Les personnes riches ne sont point attaquées de cette maladie; elle ne s'attache qu'au bas peuple, et surtout aux Grecs. Or ces Grecs observent strictement leurs quatre carêmes, et ne vivent pendant tout ce temps que de poisson salé, de boutargue, d'olives marinées et de fromage. Ils boivent en abondance des vins grossiers et brûlants du pays. Ce régime peut allumer leur sang, en épaissir la partie fluide, enfin produire la lèpre. Ce qui me porte à le croire, c'est qu'on ne la voit point se déclarer parmi les Turcs assez riches pour manger toute l'année de la viande, du riz et des légumes, ni parmi les Grecs habitants des montagnes, dont le laitage, les fruits, les herbages, composent une partie de la nourriture.

Vous voyez, Madame, que cette cruelle maladie n'est pas à craindre pour les personnes qui vivent dans l'aisance. Depuis cent ans que les Français sont établis à la Canée, aucun d'eux n'en a été attaqué. Il paraît qu'elle a son principe dans les mauvais aliments des Grecs; en les obligeant à les changer, on la déracinerait peut-être. Nos pères l'apportèrent en France pendant les croisades, et surent s'en délivrer. Les Crétois, éclairés par la sagesse d'un gouvernement humain, pourraient la faire disparaître de leur pays.

XXXIII

Un séjour de seize mois en Crète m'a permis, Madame, de connaître cette belle île plus particulièrement que la plupart des voyageurs qui l'ont parcourue rapidement. Privé des fêtes et des spectacles qui occupent à Paris les jours du Français, j'ai dans mes moments de loisir recherché les lieux où je pouvais goûter les charmes de la campagne. Il en est un surtout où je me suis rendu plusieurs fois, attiré par les riants paysages que la nature y déploie. Je veux, Madame, vous en offrir la peinture ; mais songez, je vous prie, que plus je serai vrai, plus mes tableaux auront l'air du merveilleux. Cependant je ne crains pas qu'ils vous paraissent imaginaires ; les sites que je vais décrire existent véritablement ; les beautés qu'ils rassemblent je les ai vues, je les ai senties dans les diverses saisons de l'année. puissent-elles vous faire oublier quelque instants les riches jardins de Montreuil ; puissent-elles vous arrêter pendant une heure sur les rives de Platania !

En quittant la Canée, et en suivant le rivage de la mer du côté du sud-ouest, on laisse à sa droite le Lazaret, écueil où les Vénitiens obligeaient les vaisseaux à faire quarantaine avant d'entrer dans le port. Une lieue au-delà est le rocher de Saint-Théodore, où il ne reste pas une pierre des deux forts qui le défendaient lorsque les Ottomans l'attaquèrent. Cette petite île, et celle du Lazaret, se nommaient anciennement *Leucès*. Elles sont fameuses par le combat que les Syrènes osèrent y soutenir contre les Muses. Elles y disputèrent le prix de la musique, du chant et des instruments; mais, ayant été vaincues, elles se précipitèrent dans la mer.

En côtoyant le golfe, on voit à l'occident une longue chaîne de montagnes qui en suit les contours, et qui va se terminer en pointe au cap Spada, autrefois le promontoire de Dyctinne. C'est une branche des monts Blancs à laquelle Strabon a donné le nom de Corycus. Vers le milieu de cette chaîne se trouvait le temple de Dyctinne.

Continuons notre route, et laissons l'antiquité. Déjà nous approchons de la rivière de Platania, et de la forêt de ce nom; nous voici à trois lieues de la Canée. Nous avons à l'occident la mer et les monts qui l'entourent; à l'orient, un bois épais et touffu. Entre le bord du rivage et les arbres est un terrain sablonneux d'un quart de lieue de largeur, où des touffes de lauriers-roses brillent d'espace en espace. Rien n'est plus frais que le vert luisant de leurs feuilles; rien n'est plus superbe que les fleurs de pourpre dont ils sont couronnés. Mais le soleil dévore les sables où nous contemplons ces buissons éclatants ; l'ombrage nous invite : allons nous y reposer.

Dieu, quel spectacle! quel beau feuillage! quelle fraîcheur! quelle verdure! Une vaste forêt composée de platanes, dont la plupart ont soixante-dix pieds d'élévation. Ils sont aussi gros que nos ormeaux, et leur port n'a pas moins de majesté. Comme ils unissent leurs bras fraternels! comme ils se soutiennent mutuellement contre les ouragans et les tempêtes! Salut à l'antique forêt de Platania! Autour de chaque arbre on a planté des vignes dont les ceps, de quatre pouces de diamètre, s'élèvent comme les câbles qui soutiennent les mâts d'un vaisseau. Placés sur un sol gras et humide, ils poussent avec une vigueur étonnante, et croissant à la hauteur des platanes qui leur servent d'appui, ils les couronnent de leurs pampres verdoyants, et les embellissent de leurs fruits. Chaque arbre ainsi décoré forme une vaste salle impénétrable aux feux du soleil. Assis sous ce dais magnifique, le voyageur voit pendre sur sa tête des grappes de raisin dont plusieurs ont deux pieds de long. On a varié les espèces, et à côté d'une grappe jaune on admire le pourpre, le violet, le rose, le muscat plus ou moins foncé. Ces raisins, qui composent autour des platanes des couronnes de différentes couleurs, ont le grain très gros, et mûrissent deux mois plus tard que les espèces exposées sur les coteaux ; mais ils ornent les tables jusqu'au mois de décembre, et sont d'un goût excellent. Je ne connais rien de plus riche, de plus agréable que cette forêt. Au printemps, une multitude d'oiseaux y viennent faire leurs nids; le rossignol, la fauvette, le chardonneret et les merles en deviennent les habitants. Ils font retentir les échos de leur ramage mélodieux.

Sur les bords de ce bois coule la rivière de Platania; elle n'est pas profonde, et laisse voir à travers la limpidité de ses eaux le sable pur qui compose son lit. Le feuillage du platane et les grappes qui percent au travers se peignent dans leur cristal. Quelquefois ses deux rives sont plantées d'arbres; elle fuit en silence sous leur voûte épaisse, et son onde paraît ténébreuse. Tout-à-coup, s'échappant de sa prison, elle n'a que le ciel pour toit, et l'argent de ses flots égale la sérénité des airs.

Dans l'épaisseur du bois, quel vaste silence! quelle sombre majesté! les ténèbres y sont répandues au milieu de la clarté du jour. Voilà donc l'habitation de l'ombre, de la paix et de la fraîcheur. Elles ont fui les coteaux brûlés où le berger du fond de sa grotte fait entendre ses chants, et sont descendues sous cet épais feuillage. Mais pourquoi une secrète horreur entre-t-elle dans l'âme? Ce lieu serait-il le temple de la divinité? l'âme y serait-elle frappée de son auguste présence? ou bien craindrait-elle quelque ennemi qu'elle ne voit pas? cependant elle chérit le trouble qui l'agite. A-t-elle donc besoin de cette agitation pour sentir davantage son existence?

Continuons d'errer sous les voûtes de Platania, et remontons vers la source de la rivière. Pendant une lieue on voit presque toujours la même richesse, les mêmes paysages. Dans quelques endroits, ces deux collines, qui embrassent la forêt, s'élargissent, et laissent apercevoir dans le lointain des coteaux couverts de vignes, des hameaux placés sur leur sommet, et des rochers à pic qui semblent prêts à s'écrouler. La chèvre, qui se joue sur le bord des précipices, va brouter les feuilles des arbrisseaux qui y croissent, et paraît suspendue sur l'abîme.

Nous voilà arrivés à l'extrémité de la forêt. Devant nous s'ouvre une plaine de trois lieues de circonférence ; de hautes collines la bordent de toutes parts. Au-dessus s'élèvent les monts Blancs, qui cachent dans les nues leurs sommets glacés. De tous les points de l'horizon, des vallées étroites et profondes viennent aboutir à la plaine, et y portent le tribut de leurs eaux. Voyez comme les lauriers-roses en dessinent les contours. Leurs fleurs superbes bordent d'un rouge éclatant le flanc des vallons. Ce sont des écharpes brillantes que la nature a attachées au sommet des monts, et qui pendent en longs replis jusqu'au pied des coteaux. Ces ceintures de rose contrastent admirablement avec la verdure qui les entoure. Les yeux ne se lassent point de les admirer.

Quel autre spectacle attire mon attention ! quels charmants arbrisseaux réjouissent mes regards ! Vous avez, Madame, dans vos jardins de beaux myrtes ; mais ils languissent sous un ciel étranger. Une partie de l'année ils sont renfermés dans des serres, car leur délicatesse craint les frimas. Les caisses où on les retient en captivité ne leur fournissent point une nourriture assez abondante pour qu'ils puissent déployer leur vigueur, et se couvrir de fleurs odorantes; ce qui leur manque surtout, c'est le soleil qu'ils aiment, c'est sa chaleur bienfaisante. C'est ici, Madame, qu'il faut venir contempler le plus beau des arbrisseaux. Dans le lieu dont je vous parle, et que je nommerai la plaine des Myrtes, on en voit des touffes de dix pieds de haut. Ces buissons sont couverts de fleurs depuis la terre jusqu'à leur sommet. Leurs fleurs blanches, liserées intérieurement d'une bordure de pourpre, brillent agréablement sous le vert luisant de leur feuillage. Chaque buisson forme un bouquet magnifique; il exhale des parfums plus suaves, plus exquis, plus charmants que ceux de la rose même; tous les sens en sont pénétrés, et l'âme en est comme remplie.

Un ruisseau traverse toute l'étendue de la plaine où nous nous promenons. L'eau n'y coule abondamment que pendant l'hiver; ses bords sont ornés de lauriers-roses, qui aiment les lieux humides. L'éclat de leurs fleurs, qui brillent d'espace en espace à travers les myrtes fleuris, forme un tableau digne d'occuper des princeaux habiles. Mais le plaisir des yeux n'égale point celui de l'odorat. On les quitte pour aller s'asseoir au pied des myrtes, et lorsqu'on examine de près ces buissons charmants, parés de leurs fleurs élégantes, ils plaisent encore davantage à la vue.

Toutes les campagnes de l'île de Crète, Madame, ne sont pas aussi belles que celle dont je viens de vous entretenir. Le myrte et le laurier-rose croissent partout dans les vallons ; mais je n'ai vu ces jolis arbrisseaux rassemblés en si grande abondance que dans la plaine qui termine d'une manière si pittoresque la forêt de Platania. Si vous ne trouvez pas dans les poètes modernes des descriptions semblables à celles que je viens de vous offrir, ce n'est pas leur faute, c'est celle de la campagne qu'ils ont sous les yeux. L'imagination la plus heureuse ne pourrait former des tableaux tels que ceux que je vous présente sans les avoir vus ; elle y mettrait des ornements déplacés, et dès lors elle perdrait le premier de ses priviléges, la vérité. Les anciens au contraire nous offrent des peintures qui semblent à ceux qui n'ont pas voyagé des rêves d'une imagination brillante. Cependant, lorsque l'on a parcouru les pays qu'ils habitaient, on voit avec plaisir que, travaillant sur de plus beaux modèles, leurs pinceaux ont rendu avec fidélité les beautés de la nature. Seulement ils se sont permis de disposer les ornements à leur gré, en rassemblant sur un seul site les richesses éparses dans plusieurs ; mais alors ils ont soin de garder la vraisemblance, en classant chaque objet dans le lieu qu'il doit occuper, et en ne disant rien qui ne soit possible. Voilà par où pèchent souvent ceux qui n'ont pas bien examiné la nature. Ils distribuent les beautés à contre-sens, et gâtent leurs portraits au lieu de les embellir.

J'ignore, Madame, quel sera le sort des descriptions que je vous envoie. Mais je les ai faites près des rives de Platania, et dans la plaine des Myrtes. Tantôt je jouissais de l'ombrage des platanes, et les grappes de pourpre pendaient sur ma tête; ensuite j'allais m'enivrer de la vapeur du myrte fleuri, et je contemplais avec délices les rayons rouges dont le laurier-rose bordait les vallons. Charmé de ces spectacles, respirant un air pur et embaumé, je peignais dans le silence de la retraite les sensations qui passaient tour-à-tour dans mon âme, les affections qui l'occupaient, et les réflexions que la vue des objets faisait naître.

XXXIV

Je vais, Madame, vous faire connaître un des Turcs les plus aimables de l'île. J'espère que vous m'en saurez gré. Ismaël-Aga, un des riches propriétaires de la Canée, est un homme de soixante-dix ans, d'une taille majestueuse, d'une belle figure, et qui porte encore dans ses traits le caractère de la force et de la vigueur. Il a commandé des caravelles du Grand-Seigneur, et passé quelque temps à Venise. Il a parcouru l'Egypte, et visité, suivant l'usage, le tombeau de son prophète. Dans le cours de ses voyages, il a déposé cet orgueil que l'ignorance et les préjugés de la religion inspirent aux Turcs, et qui leur fait mépriser les étrangers. Ismaël les aime, et recherche leur société. Il nous avait invités à passer quelque temps à sa campagne. Il nous envoya des chevaux, et ordonna à ses fils de nous conduire. Nous partîmes de la Canée à huit heures du matin, traversâmes la belle campagne couverte d'oliviers qui se prolonge jusqu'au pied des monts Blancs, parcourûmes la superbe plaine des Myrtes dans toute sa longueur, et arrivâmes vers midi à sa maison située une lieue au-delà, sur le penchant d'une colline. Ce seigneur nous reçut amicalement, mais sans ces démonstrations de joie et de plaisir que l'étiquette prodigue ailleurs. Soyez les bien-arrivés, nous dit-il d'un air satisfait, et sur-le-champ il nous conduisit au lieu du festin.

Le ciel était pur et serein, mais le soleil en feu

embrasait l'atmosphère ; nous avions été exposés pendant quatre heures à sa chaleur dévorante, et chacun de nous soupirait après la fraîcheur. Nous fûmes servis au gré de nos désirs. La table était dressée dans le jardin, sous l'ombrage des orangers. Six de ces beaux arbres, plantés en rond, unissaient leurs rameaux que le ciseau n'avait point mutilé, et formaient sur nos têtes une voûte impénétrable aux rayons du soleil. Au milieu d'un jour très chaud, nous goûtions dans cette salle, que la nature avait pris soin d'embellir, un frais délicieux. De toutes parts les fleurs pendaient en guirlandes sur les convives, et chacun en était couronné. Leur éclat, leurs parfums exquis, la beauté du feuillage, le zéphir qui l'agitait légèrement, tout nous portait à croire que nous avions été transportés tout-à-coup dans un séjour enchanté. Pour comble de plaisir, un joli ruisseau qui descendait des monts voisins passait sous la table, et contribuait à y entretenir la fraîcheur. On le voyait à droite et à gauche couler sur un sable d'or, et promener dans le jardin le cristal de son onde. Détourné chaque jour dans de petites rigoles pratiquées avec art, il allait baigner le pied des orangers, des grenadiers, des amandiers, qui payaient avec usure le tribut de ses eaux en se couvrant de fleurs et de fruits.

Cependant la table était servie. L'aga avait prévenu nos goûts. Nous y trouvâmes tous les ustensiles dont se servent les Français, et lui-même s'asservit à nos usages. Sachant que le potage est un de nos mets, il avait fait étendre dans un grand plat des rôties couvertes d'une gelée délicieuse. On voyait à l'entour des bartavelles presque aussi grosses que nos poules et d'un fumet qui éveillait l'appétit, des cailles excellentes, un agneau tendre et délicat, et des viandes hachées accommodées avec du riz, et parfaitement bien assaisonnées. Le vin répondait à l'excellence des viandes. On nous servit du vin de Loi, de la malvoisie du mont Ida, et du vin rouge parfumé qui flattait également l'odorat et le goût. Notre bon patriarche, voulant imiter ses hôtes, et boire comme eux, avait écarté et les domestiques et ses propres enfants. Oubliant la gravité turque, qui ne sourit jamais, il causait gaiement avec nous, et nous étonnait souvent par la pénétration de son esprit, la sagesse de ses réponses, et la justesse de ses idées. Lorsqu'on eut desservi, on apporta le moka et la pipe. Les pipes dont on se sert ici sont de jasmin, et la partie que l'on met dans la bouche est formée d'ambre. Leur longueur énorme empêche de sentir l'âcreté du tabac; d'ailleurs celui qu'on fume en Turquie est doux; on y mêle du bois d'aloès, et une vapeur qui partout ailleurs est désagréable n'incommode ici personne.

Nous nous reposions agréablement sous l'ombrage, et nous respirions le parfum de la fleur d'oranger. Notre hôte causait avec nous, et donnait le ton à la conversation. On ne chercha point à y faire briller ces bluettes que nous appelons esprit, à parer de jolis riens de couleurs saillantes, à médire d'une manière agréable; tous ces frais eussent été en pure perte. Ismaël n'eût rien compris à notre jargon. Il fallut se borner à entendre et à répondre des choses sensées et raisonnables. Après que la grande chaleur fut passée, il appela ses enfants, et leur ordonna de nous conduire à la chasse. Nous descendîmes dans une plaine où nous trouvâmes des cailles, et nous eûmes le plaisir de tirer beaucoup sans nous fatiguer. L'ombre qui descendait des montagnes nous ramena au logis, et comme dans cette saison les nuits sont aussi pures que les jours sont beaux, nous soupâmes dans la salle des orangers. Rarement peut-on jouir de ce plaisir en France. L'air de la nuit a presque toujours quelque chose d'aigre qui fait frissonner, ou bien il est agité, ou enfin il verse une rosée abondante qui peut nuire à la santé. En Crète, pendant l'été, on ne craint point ces désagréments, qui, quoique légers, troublent la joie des convives. Le ciel était sans nuages, la fraîcheur douce, et l'air si pur, si calme, que la lumière de quatre grosses bougies vacillait à peine. Elle éclairait le feuillage de mille manières différentes. Ses reflets variés produisaient des ombres et des jours d'un effet admirable. Ici les feuilles éclairées paraissaient d'un jaune éclatant; là la verdure était d'un sombre foncé; ailleurs la blancheur des fleurs, qui pendaient en festons, brillait sur un fond d'or. Plus loin deux feuilles, s'entr'ouvrant, laissaient passage aux feux d'une étoile qui étincelait comme le diamant. La condensation de l'air avait rapproché les émanations balsamiques des arbrisseaux, et nos sens en étaient enivrés. Ces faisceaux lumineux qui se jouaient dans le feuillage, ce contraste des ombres et des jours qui en variait la forme et les couleurs, y produisait des scènes si charmantes, que ce dais fleuri étendu sur nos têtes me parut encore plus beau pendant les ténèbres qu'à la clarté du jour. Peut-être aussi que la chère délicate, le bon vin, la nouveauté du spectacle, prêtaient à l'imagination de nouvelles forces, et que cette enchanteresse se plaisait à embellir encore ce séjour.

Les Turcs n'entretiennent point dans leurs maisons des appartements pour toutes les personnes d'une même famille. Les femmes seules ont des chambres séparées. Les hommes réunis couchent dans de vastes salles, sur des matelas posés sur le tapis, ornés de draps et d'une couverture. D'après cet usage antique, pratiqué par les Orientaux, on nous relégua dans une grande chambre autour de laquelle nos lits étaient placés par terre.

A peine l'aurore commençait à paraître qu'on vint nous éveiller. Les Mahométans se levent avec elle pour célébrer la prière du matin, jouir des premiers rayons du soleil et de la fraîcheur délicieuse répandue dans les airs. Lorsque nous descendîmes, le déjeuner nous attendait. Nous bûmes le moka, fumâmes le tabac odorant de Lataquié, et, conduits par les fils de l'aga et deux piqueurs, nous allâmes chasser la perdrix. Je n'en ai vu qu'une seule espèce dans l'île ; c'est la bartavelle. Elle habite les montagnes où elle multiplie à l'infini. Elle a des couleurs plus vives, et est beaucoup plus grosse que nos perdrix rouges. Sa chair est d'un goût excellent. Nous en trouvâmes des compagnies nombreuses sur toutes les collines. Nous fîmes une chasse fatigante, mais très heureuse. Souvent, après avoir parcouru des coteaux couverts d'une bruyère stérile, nous descendions dans un vallon couvert de myrtes et de lauriers roses. Le gibier s'y retire pendant l'ardeur du soleil, et nous faisions partir, du milieu de ces buissons fleuris, les perdrix, les cailles et les lièvres.

De retour à la maison de l'aga, un dîner fin, la malvoisie du mont Ida, et le charmant berceau, nous faisaient oublier nos fatigues. Ses femmes nous envoyèrent un immense gâteau travaillé de leurs propres mains. Il était composé de fleur de farine, de miel parfumé, d'amandes fraîches, de pistaches broyées, mêlées avec un peu d'eau rose. Cette pâtisserie était très légere, et tout le monde la trouva excellente.

Pendant tout le temps que nous passâmes chez Ismaël-Aga, nous n'éprouvâmes de sa part que des honnêtetés. Il ne nous faisait point de grands compliments, mais il étudiait nos goûts, et nous étions sûrs de trouver sur la table les mets que nous paraissions aimer davantage. Un matin que je m'étais levé avant mes compagnons, et que je parcourais les vergers d'alentour, j'aperçus ce vénérable Musulman debout, auprès d'une fontaine voisine de sa maison. Il se lavait le visage et les mains, et chantait le premier chapitre du Coran.

Ce seigneur possède plusieurs autres maisons de campagne. Il n'occupe celle où nous étions que pendant le printemps. Il va passer les jours les plus chauds de l'été dans une jolie habitation située dans les montagnes. Là, tandis que le soleil dévore la plaine, tandis que l'air est embrasé et que le thermomètre se tient à vingt-sept degrés, il jouit d'une température délicieuse. Il voit autour de lui verdir la campagne, et les arbrisseaux se couvrir de fleurs et de fruits.

Telle est la vie, Madame, que les Mahométans riches mènent en Candie. Ils passent les trois quarts de l'année dans leurs terres, et viennent l'hiver à la ville vendre le superflu de leurs productions. L'huile qu'ils recueillent en abondance, la cire, le vin, les laines de leurs troupeaux, leur procurent de grandes richesses. Contents de leurs possessions, ils n'aspirent à aucune des charges du gouvernement qui pourraient compromettre leur sûreté, et les voient sans envie occupées par des étrangers. Rois dans leurs domaines, ils parlent, et tout obéit à leurs lois.

Je me rappellerai longtemps, Madame, les journées que j'ai passées à la maison de campagne d'Ismaël-Aga. Cependant je vous avouerai qu'au milieu des plaisirs que j'y goûtais je ne pouvais m'empêcher de regretter la privation des arts. Les Mahométans ne la sentent point ; mais un Français déplore cette perte dans les plus belles contrées du monde. Si cette île appartenait à un peuple policé, comme elle changerait de face ! combien ses jardins s'embelliraient encore ! quels délicieux ombrages la main d'un artiste habile saurait y former ! Il y déploierait en cascades brillantes les ruisseaux qui tombent naturellement du sommet des monts ; il marierait l'écarlate du grenadier à la blancheur de la fleur d'oranger. Les myrtes et les lauriers-roses y confondraient leurs rameaux et leurs fleurs ; le lilas charmant varierait ce mélange. Plus loin, ces beaux arbrisseaux, séparés en massifs, composeraient des bosquets uniques par le parfum de leurs fleurs, la variété de leurs couleurs, et les différentes teintes de leur feuillage. Le poète, sous ces riants berceaux, se sentirait inspiré. Pardon, Madame, si je m'abandonne aux rêves de mon imagination. Hélas! je crains de ne pouvoir en faire de semblables au milieu de brouillards de la Seine.

XXXV

En sortant de la Canée, Madame, on a devant soi les *monts Blancs*, appelés de nos jours *monts de la Sphachie*. Cette chaîne, qui ne le cède en hauteur qu'au mont Ida, est la plus étendue de l'île. Elle commence au cap *Drepanum*, à l'orient de la Sude, et se prolonge jusqu'à la mer du midi, où est situé le bourg de *Sphachie*, défendu par un petit fort qui sert d'épouvantail aux corsaires. De ce centre élevé partent deux bras qui s'avancent droit vers le Peloponèse. Ils se terminent en pointe, et forment le cap Spada et celui de Suse, qui sont les parties les plus occidentales de l'île. Ces branches secondaires sont escarpées, souvent taillées en précipice, et peu fécondes en productions. On y nourrit des troupeaux; on y trouve épars çà et là des cyprès, des pins, et diverses espèces d'arbres verts. Les villages y sont peu fréquents et peu habités. Le voyageur n'y rencontre aucune ville remarquable. Au fond du golfe que ces monts embrassent est le bourg de *Cisamo*, autrefois *Cysamum*, avec un mauvais port et un château qui tombe en ruines. Près du promontoire de Suse on voit la forteresse de Grabuse bâtie sur un écueil. Les Vénitiens la défendirent longtemps contre toutes les forces ottomanes, et la posséderaient peut-être encore si un de ses gouverneurs ne l'avait vendue aux Ottomans pour un baril de sequins. Entre le rocher et le continent les vaisseaux de toute grandeur trouvent un excellent mouillage. Quittons ces lieux sauvages, et revenons aux monts Blancs.

Ces monts forment devant la Canée un boulevard immense dont le sommet se perd dans les nues, et qui semble la séparer du reste de l'île. La chaîne la plus basse n'est qu'à deux lieues de la ville, et peut avoir trois cents toises d'élévation. Entre elle et la seconde s'ouvre une vaste plaine qui a trois lieues de diamètre sur une longueur considérable. Cette chaîne intermédiaire est infiniment plus haute que la première. Au-delà sont les pics élevés, auxquels on a sans doute donné le nom de monts Blancs parce qu'ils sont couverts de neige une partie de l'année. Elle s'entasse dans les vallées profondes exposées au nord, s'y durcit, et ne fond jamais. Les habitants la coupent par quartiers, l'apportent la nuit à la Canée, et l'on a l'avantage de boire à la glace pendant les jours les plus chauds.

Ces montagnes ne dépendent en rien du

gouvernement des pachas. La sultane, à qui elles appartiennent, envoie un homme de confiance pour y commander et en recueillir les tributs. Les Grecs qui les habitent s'appellent Sphachiotes; ils y nourrissent des troupeaux nombreux de chèvres et de moutons, y élèvent des abeilles, y font d'excellent fromage qui a le goût du Parmesan, et vendent dans les bourgs et les villes voisines le superflu de leurs productions.

Les Sphachiotes, relégués sur leurs montagnes, se sont moins confondus avec les diverses nations qui ont occupé l'île de Crète que les habitants des plaines. Ils parlent un dialecte moins corrrompu que le reste des Candiotes. Ils ont conservé plusieurs usages de leurs ancêtres, et des traits de leur antique caractère. Lorsque Belon voyageait au milieu d'eux, ils étaient les meilleurs archers de l'île; ils avaient des arcs très grands, et montraient plus d'adresse, de force, de courage, que les autres Grecs. Aujourd'hui que le fusil a succédé à l'arc, ils ne s'en servent pas avec moins d'habileté. La plupart sont d'excellents chasseurs.

Seuls d'entre les Crétois, les Sphachiotes ont conservé la pyrrhique; ils l'exécutent revêtus de l'ancien costume. Une robe courte serrée d'une ceinture, une culotte et des bottines, composent leur vêtement. Un carquois rempli de flèches est attaché sur leur épaule, un arc tendu pend à leur bras, et une longue épée orne leur côté. Ainsi parés, ils commencent la danse, qui a trois mesures. La première marque le pas : ils sautent d'un pied sur l'autre, à peu près comme les Allemands. Les mouvements de la seconde sont plus grands, et ont du rapport avec les danses des Bas-Bretons. Pendant la troisième mesure, ils sautent en avant, en arrière, sur un pied, puis sur l'autre, avec beaucoup de légèreté. Les danseurs qui leur répondent imitent les mêmes pas. Ils chantent et  dansent en même temps. Pendant que la pyrrhique dure, ils développent diverses évolutions : tantôt ils se forment en rond, d'autrefois ils s'allongent sur deux lignes, et semblent se menacer de leurs armes; puis ils se partagent deux à deux, comme s'ils se défiaient au combat; mais dans tous leurs mouvements leur oreille est fidèle à la musique, et ils ne s'écartent jamais de la mesure.

Vous savez, Madame, que dans l'ancienne république de Crète le peuple était divisé en deux classes, celle de la jeunesse et celle de l'âge viril. Cet usage s'est encore maintenu parmi les Sphachiotes, mais non dans la pureté de son institution. Autrefois les jeunes gens étaient soumis à la censure des vieillards, et leur obéissaient; aujourd'hui ils veulent commander. Cette insubordination a causé de grands malheurs à toute la nation. Pendant la dernière guerre des Russes, les Turcs s'imaginèrent que les habitants de la Sphachie voulaient livrer l'île à leurs ennemis; ils prétendirent que des navires moscovites, abordés au midi de l'île, avaient fait un traité avec les Sphachiotes : il n'en fallut pas davantage pour armer les Mahométans. Ils partirent au nombre de huit mille combattants, et gravirent sans peine la première chaîne des montagnes. Il n'était pas facile d'escalader la seconde, et une poignée de soldats pouvait les en empêcher. La classe des hommes faits voulait combattre et défendre ses rochers; les jeunes gens, séduits apparemment par les promesses des Turcs, étaient d'avis de se soumettre; et tandis que leurs pères faisaient tête aux ennemis, ils eurent la lâcheté de les introduire, par des sentiers détournés, sur les sommets de leurs montagnes. A cet aspect tout le monde prit la fuite, et chacun s'alla cacher, comme il put, dans les antres des rochers et dans le fond des précipices. Les Musulmans usèrent cruellement de la victoire; ils détruisirent des villages, massacrèrent plusieurs habitants, et en emmenèrent un grand nombre en captivité : hommes, femmes, enfants, rien ne fut épargné. Ils les vendirent ensuite dans les diverses provinces de l'empire ottoman. Certainement les jeunes gens qui composaient les *Agelas* des anciens Crétois auraient tenu une conduite différente; on les eût vu voler les premiers aux armes, repousser l'ennemi loin de leurs foyers, ou mourir en combattant; mais jamais ils n'auraient trahi leur patrie. Cet exemple prouve que les meilleures institutions deviennent pernicieuses quand elles s'écartent de leurs principes.

Je vous ai dit, Madame, que l'hiver couvrait de neiges les monts de la Sphachie. Un matin, nous sortions de la Canée pour aller à la chasse; c'était dans les premiers jours de février; le vent du nord avait soufflé pendant la nuit; et quoique nous jouissions dans la plaine d'une température fort douce, le froid se faisait sentir sur les montagnes.

Lorsque nous eûmes fait une demi-lieue, nous ne pûmes nous défendre de nous arrêter, frappés d'étonnement et d'admiration devant le tableau qui se déployait à nos yeux. Le soleil s'élevait majestueusement au-dessus des sommets des montagnes ; il éclairait de ses rayons un manteau de neige d'une immense étendue qui descendait de leur cime jusqu'à la crête des dernières collines. A travers la neige on voyait percer les troncs noirs des sapins et des chênes. A la distance où nous étions, ils semblaient alignés comme des allées plantées au cordeau, et formaient un long rideau qui terminait l'horizon d'une manière pittoresque. Le manteau magnifique dont ils interrompaient l'uniformité, éclairé de tous les feux du soleil, eût fini par fatiguer nos regards, s'il avait couvert toute la terre; mais il s'arrêtait précisément sur la dernière chaîne des montagnes, où il formait divers replis, suivant l'élévation des terrains. Là où il finissait commençaient des plantations d'oliviers qui ornent la pente des coteaux. On apercevait au milieu divers hameaux qui varient agréablement le paysage. Plus bas, la scène changeait de face; nous découvrions çà et là dans la plaine de jolies maisons de campagne, dont quelques-unes ont été bâties par les Vénitiens. Les citronniers, les amandiers, les orangers, chargés de fruits dorés, composaient à l'entour de charmants bosquets ; une multitude de violettes croissaient sous leur ombrage, et embaumaient l'air de leurs parfums.

La plaine que nous parcourions contenait de grands espaces couverts de blés d'un pied de haut et d'un vert admirable. Ces beaux tapis contrastaient merveilleusement avec celui que le froid de la nuit avait étendu sur les monts. Après une heure de marche au milieu de ces riants tableaux, nous descendîmes dans la vallée de la Culate. Elle est fort humide pendant l'hiver, et on la laisse sans culture; mais la nature prend soin de l'embellir. Dans un espace d'une lieue d'étendue, la terre était jonchée de narcisses jaunes et blancs, qui, s'élevant au-dessus de l'herbe, présentaient un émail éclatant. Cette multitude de fleurs répandait dans l'air les plus suaves odeurs. Les endroits un peu plus élevés avaient d'autres ornements : des anémones blanches, violettes, jaunes, rouges, en un mot, de toutes les couleurs, brillaient à travers la verdure.

Je ne vous fais point un portrait de fantaisie, Madame; depuis le sommet des monts, où était attaché le manteau d'une blancheur éblouissante, jusqu'à la plaine enrichie de verdure, de fleurs et de fruits, nous avions sous les yeux toutes les beautés dont je viens de vous entretenir. Nous contemplions à la fois l'hiver et le printemps : ces deux saisons n'étaient séparées que par une élévation de trois cents toises. Je vous assure, Madame, que je n'ajoute rien à leur peinture; et si j'ai quelque regret, c'est de ne pouvoir exprimer les sensations délicieuses que l'on éprouve à la vue d'objets aussi étonnants, rassemblés dans un espace de quelques lieues.

Il est vrai qu'en Crète, au mois de février, la nature est dans la fraîcheur de sa jeunesse ; le souffle de ses lèvres est pur et embaumé; sa robe est émaillée des plus vives couleurs. La douce rosée des nuits, la lumière du père du jour, qui commence à échauffer son sein, tout contribue à sa parure. Mais un de ses plus beaux ornements, ce sont les pommes d'or qui couvrent alors en abondance les branches des orangers. Elles sont mûres, et s'offrent à la main qui veut les cueillir. Elles ont la peau très fine et un jus délicieux, dont l'odeur suave reste longtemps après qu'on les a mangées. Elles sont bien supérieures à celles d'Egypte, et à Malte même on les a préférées aux oranges du pays.

J'ai décrit les objets qui se présentaient devant moi; permettez, Madame, que nous continuions notre chasse. Lorsque nous eûmes traversé la plaine des narcisses, nous arrivâmes à un lieu marécageux, situé à l'extrémité du golfe de la Sude. Il est rempli de joncs et d'eau; on ne peut y chasser qu'en bottines. Une multitude de bécassines habitent ces marécages, et la chasse en est très amusante. Tous les environs sont plantés de lauriers-roses; on y remarque aussi de nombreuses touffes de myrtes qui ont des fleurs dans presque toutes les saisons de l'année. C'était au milieu de ces buissons que venaient se reposer les bécassines que nous avions fait lever. Nous y trouvions aussi des poules d'eau. Dans les terrains un peu plus élevés, nos chiens faisaient partir des cailles.

Lorsque nous voulions prolonger le plaisir, nous entrions dans les vallées profondes qui coupent du nord au sud la dernière chaîne des monts de la

Sphachie. A chaque instant de grosses bécasses s'élevaient du milieu des myrtes et des lauriers-roses dont ces lieux sont remplis. On trouve dans la plupart des fontaines une eau pure comme le cristal. Les Turcs en ont orné plusieurs en leur creusant de jolis bassins. C'était là que, à l'ombre d'un platane, entourés d'arbrisseaux fleuris, nous faisions halte. Quelques perdrix, d'excellent vin, des olives fraîches, et l'eau limpide de la source, composaient notre déjeuner. Si l'ardeur de la chasse nous entraînait plus loin, nous gravissions jusqu'au haut du ravin, et arrivions dans la plaine qui s'étend jusqu'au pied des montagnes secondaires. Là nous trouvions en abondance des perdrix exquises et des lièvres. Tels étaient, Madame, les lieux où nous chassions; mais nous ménagions nos plaisirs, et n'en jouissions ordinairement qu'une fois par semaine.

XXXVI

NOUS avons visité, Madame, les plus beaux lieux qui se trouvent à l'occident et au midi de la Canée; il nous reste à parcourir le cap Mélec, qui s'étend au nord et à l'est de cette ville. Sa tête énorme a sept lieues de circuit, et ne présente aux navigateurs que des rocs taillés à pic et des écueils menaçants; mais parmi les monts qui la composent le voyageur rencontre des lieux dignes de fixer ses regards.

La partie orientale de ce promontoire forme un des côtés du golfe de la Sude. A une demi-lieue de son ouverture se trouve l'écueil sur lequel est bâti le château de même nom, qui résista tant d'années aux armes des Ottomans. On pourrait le battre avec avantage du côté du cap Mélec, parce qu'il n'est qu'à un quart de lieue du rivage, et que le terrain le domine : mais il serait impossible de le prendre sans une escadre; il a plusieurs batteries élevées les unes au-dessus des autres, taillées dans le roc vif, et assez d'étendue pour contenir un village d'environ cent cinquante maisons. Les vaisseaux de toute grandeur peuvent jeter l'ancre à l'entour de cette forteresse. Si son artillerie était servie par d'habiles canonniers, la flotte la plus formidable ne pourrait forcer l'entrée du golfe, ni en sortir si on l'avait laissée y pénétrer. Le fort de la Sude est une des places les plus importantes de l'île de Candie; c'est aussi celle que la république de Venise a conservée le plus longtemps.

La partie du golfe qui s'étend au-delà du château a une lieue et demie de longueur sur un tiers de largeur. Les navires ne peuvent mouiller qu'à une demi-lieue de son extrémité. Tout le reste est comme un abîme, et la sonde ne rapporte point de fond à cent cinquante brasses. Le lieu du mouillage est encore assez étendu pour contenir la flotte la plus nombreuse; elle y est à l'abri de tous les vents, et fermée comme dans un bassin.

L'extrémité du golfe de la Sude, appelée la

Culate, n'est qu'à une lieue et demie du port de la Canée. Une vallée naturelle s'étend de l'une à l'autre; il serait très aisé d'ouvrir une communication entre ces deux ports ; on n'aurait à couper qu'un canal très court, que la situation du terrain semble indiquer. Cet avantage serait inestimable pour le commerce. Quelquefois les vents de nord retiennent pendant huit jours les navires à la Canée ; alors ils descendraient par le canal de la Sude, et mettraient à la voile. Il en serait de même pour l'abord : ceux qui, repoussés par les vents contraires, ne pourraient atteindre un port, entreraient dans l'autre. Cette opération facile réunirait beaucoup d'autres utilités, que je ne détaillerai point ici, parce que de semblables projets ne s'exécuteront jamais sous l'empire des Turcs.

Remontons vers la partie élevée du cap Mélec. Cette marche est pénible ; il faut gravir des monts escarpés voués à la stérilité. Le chasseur y trouve ce qu'il désire, des perdrix et des lièvres en abondance ; mais l'agriculteur s'attriste à la vue des rochers nus, des coteaux couverts de bruyères, de thym, et d'une foule de plantes agrestes qui ne sont d'aucune utilité à l'homme. Le pain de pourceau tapisse le pied de ces rochers, et couvre au printemps la terre de sa fleur élégante. Lorsque l'on a franchi ces lieux âpres et sauvages, on descend dans une plaine qui doit sa fertilité et ses richesses à un couvent de caloyers. Ils ont défriché les landes ; ils ont enrichi de vignobles les collines stériles, et planté dans les lieux bas des forêts d'oliviers, d'amandiers et d'arbres fruitiers qui sont d'un grand revenu. Ils labourent les meilleures terres, et y récoltent du blé et de l'orge. Les Turcs ont la justice de respecter leurs propriétés, et actuellement que leurs campagnes sont en plein rapport ils n'ajoutent pas une obole aux anciennes impositions, qui sont très légères.

On arrive au couvent de la Trinité par une longue allée ornée de hauts cyprès. Lorsque l'on entre dans la cour, on voit qu'elle forme un carré long autour duquel sont distribués les ateliers et les cellules des religieux. Au milieu de cette cour est une petite église dont le portail et les côtés sont décorés d'orangers qui forment à l'entour un superbe péristyle. Ces arbres en fleur remplissent l'air de leurs parfums. Ce monastère est pourvu de tous les ustensiles propres à l'agriculture. On y trouve des pressoirs pour l'huile, d'autres pour le vin, et toutes les commodités que demande la vie champêtre. Tandis que les prêtres sont occupés à prier Dieu et à célébrer l'office divin, les frères vaquent aux travaux de la campagne. C'est une petite république dont le travail fait la richesse, et dont les membres, attachés à leurs emplois, mènent une vie laborieuse, mais paisible et fortunée. Nous nous sommes souvent établis chez ces bons caloyers pour être à portée de la chasse, et nous avons toujours éprouvé de leur part les égards et les attentions d'une hospitalité prévenante.

En partant du couvent de la Trinité, et marchant pendant une heure par des chemins fort rudes, on arrive au monastère de Saint-Jean. Il est situé sur la cime la plus élevée du cap Mélec. L'esplanade qui s'étend devant la maison domine tous les lieux d'alentour. Assis sous un olivier unique qui s'élève d'entre deux roches, le voyageur respire un air frais au milieu du plus chaud jour de l'été, et découvre une immense étendue de pays. Il voit au midi la chaîne des monts Blancs couronnés de neiges et de forêts, à l'occident les minarets de la Canée, au nord la pointe éloignée du cap Spada, et tous les vaisseaux que le commerce attire en ces mers. Ses idées s'agrandissent comme le spectacle qu'il a sous les yeux. S'il rétrécit son horizon, il aperçoit des coteaux ornés de vignes, des monts hérissés de rochers, et dans la plaine des châteaux entourés de bosquets. Son imagination se promène délicieusement sous leur ombrage : elle voit les fruits suspendus aux branches, les fleurs dont les myrtes sont ornés, et, livré à une douce rêverie, il croit jouir de ces riants tableaux; mais quel bruit effroyable l'éveille tout-à-coup ? La tempête gronde dans le lointain; les vents soufflent avec fureur; les flots battent avec fracas les rocs suspendus sur leur abîme; leur bruissement est épouvantable; ils vont sapper leurs fondements et les engloutir dans leur sein. Quels torrents d'écume jaillissent dans les airs? La nature est-elle donc en courroux ? Adieu, riants ombrages! adieu, points de vue charmants! l'observateur attristé ne vous voit plus. Il porte ses regards autour de lui, il n'aperçoit que des précipices, des rocs calcinés, des monts stériles entassés l'un sur l'autre, et frissonne à leur aspect. Il se croit abandonné de tout l'univers, se lève précipitamment, et court chercher la société dont il a besoin. Telles sont, Madame, les sensations que l'on éprouve sous l'olivier placé au sommet de l'esplanade du monastère de Saint-Jean.

De cet ermitage un sentier étroit, taillé en quelqûes endroits dans le rocher, conduit à une grotte embellie par les mains de la nature. Pour y arriver, il faut descendre pendant une demi-heure le long d'un vallon très rapide; mais le plaisir dédommage de la peine. Dans ce vaste souterrain, des stalactites brillantes pendent de tous côtés : les unes affectent la forme pyramidale, les autres ressemblent à des tuyaux d'orgue; celles-ci, attachées à la voûte, paraissent menacer la tête du curieux qui les examine; toutes réfléchissent, comme le cristal, les feux des flambeaux. Les murs en sont tapissés. Ces stalactites, polies comme la glace, ont beaucoup d'éclat; mais elles ne sont point cannelées, festonnées comme celles de la grotte d'Antiparos, la plus belle du monde. Leurs formes, beaucoup moins variées, produisent des effets moins étonnants.

La sauge à pomme, décrite par Tournefort, croît en abondance le long de la vallée qui conduit à la grotte. C'est un malheur pour la botanique que ce savant naturaliste ait resté si peu de temps dans l'île, et qu'il l'ait parcourue dans une saison où la campagne, brûlée par le soleil, n'offre plus que des herbes desséchées. S'il l'avait vue dans le printemps, il aurait enrichi son catalogue de plusieurs plantes qui n'existaient plus lorsqu'il arriva. Le joli arbrisseau connu sous le nom d'ébénier de Crète vient parmi les rochers qui bordent le rivage de la mer. Il s'élève peu ; mais les belles fleurs de pourpre qui brillent sur son feuillage argenté le rendent très agréable.

Descendons du cap Mélec, et retournons vers la Canée; nous rencontrerons sur notre route le couvent d'Acrotiri, peuplé de religieuses. C'est une solitude effrayante ; on ne découvre dans les environs que de tristes rochers au pied desquels croissent le serpolet, la bruyère, le thym à fleur odorante, le ladanum, et quelques touffes d'arbousiers. Les dames qui l'habitent ne sont point cloîtrées ; elles ne font d'autres vœux que celui de virginité ; chacune d'elles se choisit une compagne ; elles occupent ensemble de petites maisons bâties à l'entour d'une chapelle, où un papa grec vient leur dire la messe. Chaque couple se rend tous les services de l'amitié, et possède en commun un enclos plus ou moins grand attaché à la double cellule. C'est leur jardin, leur verger. On y trouve des orangers, des amandiers, des oliviers, et des abeilles. Celles-ci n'y sont point renfermées dans des ruches; des planches posées en travers sur deux poteaux leur servent de toit. Ces industrieux insectes viennent attacher sous cet abri leur miel et leur cire. Les premiers rayons sont les plus longs ; ils diminuent peu à peu, et se terminent en pointe. Chaque gâteau a la forme d'une pyramide renversée. Les abeilles le composent très vite. Elles expriment leur miel de la fleur du thym, du serpolet, et d'une foule de plantes et d'arbrisseaux balsamiques dont la terre est couverte. Ce nectar pur, limpide, délicieux, a le parfum de l'ambroisie.

Revenons à nos religieuses. Je vous ai dit, Madame, qu'unies deux à deux elles habitaient un corps de logis qui contient trois ou quatre appartements. Chacune de ces habitations réunit diverses commodités. On y trouve une vaste citerne, nécessaire sur une hauteur sans eau, un pressoir, un four, et un ou deux métiers pour faire de la toile. Elles élèvent ordinairement des vers à soie, et recueillent du coton, qui, dans le pays, est une plante annuelle. L'une des sœurs file, et l'autre fait le tissu; plusieurs tricottent des bas. Après s'être fournies des choses dont elles ont besoin, elles vont vendre à la ville le fruit de leur industrie.

Dans ces cellules, l'œil n'aperçoit ni somptuosité, ni magnificence; des ustensiles utiles, des meubles simples, des choses de nécessité, voilà ce qu'il y rencontre. Mais la propreté veille sur eux, et leur prête ses charmes. En un mot, ces religieuses, sans être riches, jouissent d'une douce aisance qu'elles doivent à leur activité. La gaieté habite avec elles, et l'on n'y remarque point de visages tristes. Pour l'ordinaire, une jeune sœur s'unit à une plus âgée, afin de la soulager, et de lui épargner les plus pénibles travaux. Souvent je suis allé rendre visite à une dame grecque qui passait chaque année quelques semaines dans ce monastère; j'ai toujours trouvé, parmi ces religieuses volontaires, de la douceur, de la modestie, de l'aménité, précieuses conséquences de la piété.

Rentrons à la Canée, nous n'en sommes qu'à une lieue. Aussitôt que nous serons descendus de la montagne, nous allons parcourir une campagne couverte des trésors de l'agriculture, traverser de riants pâturages, des bois d'oliviers, des plantations d'orangers. Eh bien ! Madame, les richesses dont la terre est couverte, la beauté de ces ombrages, les fleurs et les fruits dont les arbres sont chargés, tout cela ne m'intéresse plus. Rentrons dans les murs de la Canée.

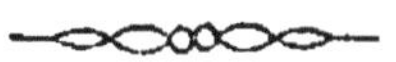

XXXVII

L'ILE de Crète, Madame, est actuellement gouvernée par trois pachas qui font leur résidence à Candie, à la Canée, à Rétimo. Le premier, toujours à trois queues, est comme le vice-roi de l'île. Il jouit de la principale puissance ; il a l'inspection des forts et des arsenaux, nomme aux emplois militaires qui viennent à vaquer, et aux gouvernements de la Sude, de Grabuse, de Spina-Longua, et de Gira-Petra. Les gouverneurs de ces forts s'appellent beys. Ils ont sous eux un châtelain et trois officiers généraux, dont l'un commandant de l'artillerie, l'autre de la cavalerie, et le troisième des janissaires.

Le conseil du pacha est composé d'un kiaïa, par le canal duquel passent toutes les affaires et presque toutes les grâces ; du janissaire-aga, colonel-général des troupes, et principalement chargé du soin de la police ; de deux topigi-bachi, d'un defterdar, trésorier-général des droits impériaux, d'un garde du trésor impérial, et des premiers officiers de l'armée. On voit que ce gouvernement est absolument militaire. Aussi le pouvoir du pacha sérasquier est-il absolu. On n'appelle point de ses sentences. Elles ont leur prompte exécution.

Les gens de loi sont le muphti, chef suprême de la religion, et le cadi. Le premier interprète les lois qui regardent le partage des biens entre les enfants, les successions, les mariages, en un mot toutes celles que Mahomet a établies dans le Coran, et prononce sur tout ce qui concerne le rit musulman. Le cadi ne peut donner sa sentence sur les affaires que ces lois font naître sans avoir pris par écrit le sentiment du muphti, que l'on nomme *Faitfa.* Ses fonctions sont de recevoir les déclarations, les plaintes, les donations des particuliers, et de juger les différends qui s'élèvent entre eux. Le pacha doit prendre l'avis de ces juges lorsqu'il veut faire mourir légalement un Turc; mais celui qui est décoré de trois queues se met souvent au-dessus de la loi, dicte et fait exécuter, de sa propre autorité, la sentence de mort.

Toutes les mosquées ont leur ilam, espèce de prêtre destiné à célébrer l'office ; des maîtres d'école sont répandus dans les divers quartiers de la ville. Ces hommes sont très respectés en Turquie, et on leur donne le titre d'effendi.

Les pachas de la Canée et de Rétimo ne sont pas moins absolus dans l'étendue de leur gouvernement que celui de Candie. Ils jouissent des mêmes priviléges, et leur conseil est composé des mêmes officiers. Ces gouverneurs ne songent qu'à s'enrichir promptement, et emploient tous les moyens pour tirer de l'argent des Grecs, dont l'oppression est inexprimable. A la vérité ces malheureux vont au-devant des fers qui les accablent. L'envie qui les dévore leur met sans cesse les armes à la main. Si quelqu'un jouit d'une fortune honnête, ils lui cherchent des crimes, et l'accusent devant le pacha, qui profite de ces dissensions pour envahir les biens des deux parties. Il semble qu'aigris par le malheur ils ne soient plus capables d'aucun sentiment généreux. Les exemples cruels qui se renouvellent sous leurs yeux ne les corrigent point.

Il n'est pas étonnant que, sous ce gouvernement barbare, le nombre des Grecs diminue chaque jour.

Les Turcs ont laissé aux Grecs le libre exercice de leur religion ; mais ils leur défendent de réparer leurs églises et leurs monastères. Cette permission ne s'obtient qu'avec de l'or, et produit des sommes considérables aux pachas qui la vendent. Ils ont, comme autrefois, douze évêques, dont le premier prend le titre d'archevêque de Gortyne. Il siége à Candie, où se trouve l'église métropolitaine. Elu par le patriarche de Constantinople, il nomme à tous les évêchés de l'île. Il porte trois couronnes à sa tiare, signe en rouge, et répond de toutes les dettes du clergé. Pour satisfaire à ces engagements, il impose les autres évêques, et surtout les monastères, dont il tire de fortes contributions. Il est reconnu pour le chef des Grecs, qu'il protége de son faible crédit. C'est à lui que le gouvernement s'adresse dans les affaires importantes. Seul de toute sa nation il a le droit d'entrer à cheval dans les villes.

XXXVIII

L'OLIVIER, Madame, cet arbre précieux consacré à Minerve, a presque disparu de l'Attique. Les Albanais et les Turcs, qui ont tour à tour ravagé la Grèce, se sont efforcés de le détruire. On m'a assuré que, dans l'espace de vingt ans, ils en avaient coupé deux cent mille pieds. Concevez-vous une semblable barbarie? voit-on rien de semblable dans les guerres anciennes? C'est ainsi que la Morée, si riche, si florissante lorsque les Vénitiens l'occupaient, est devenue une contrée pauvre et malheureuse.

L'île de Crète n'a point éprouvé de pareils revers. Les oliviers, qui aiment une terre sablonneuse, une température douce, et le voisinage de la mer, croissent en abondance sur les collines et dans la plaine. Jamais le froid n'est assez violent pour leur nuire, et les chaleurs sont toujours assez fortes pour faire parvenir leurs fruits à une parfaite maturité. On en voit qui paraissent vieux comme le sol qui les porte; ils deviennent fort gros, et s'élèvent à cinquante pieds de haut. Les récoltes qu'ils donnent font la principale richesse des habitants, et la plus forte branche de leur commerce. Elles ne sont pas également abondantes. Ordinairement, sur deux années, il s'en trouve une excellente, et une médiocre.

Le commerce est bien peu considérable pour une île d'une aussi grande étendue. A la vérité, il est entre les mains des Turcs, qui n'entendent rien aux arts et à l'agriculture, et des Grecs, qui, soumis à des vexations sans nombre, n'osent rien entreprendre pour le bien public, ni pour leur utilité. La population peu nombreuse de l'île ne peut cultiver toutes les terres. On parcourt avec douleur des plaines de trois et quatre lieues, arrosées par des ruisseaux, où l'on ne rencontre pas la moindre trace d'agriculture. Des vallées superbes, où la terre pousse une foule d'arbrisseaux et de plantes sauvages, demeurent en friche, faute de bras, d'encouragement et d'industrie. Le Turc indolent vit au milieu de ses possessions sans songer à les étendre, et si le Grec obtient la permission de défricher une lande, après qu'il l'a arrosée de ses sueurs, au moment où il commence à jouir du fruit de ses peines, le seigneur voisin s'en empare. Cependant, depuis quelques années, les propriétaires des environs de la Canée, éclairés par leur intérêt, ont fait quelques plantations d'oliviers.

Lorsque le royaume de Candie appartenait à la république de Venise, il était fertile en grains, fournissait abondamment à la subsistance des habitants, et en exportait chez l'étranger. Aujourd'hui cette île en reçoit du dehors. J'en ai vu arriver des bâtiments chargés à la Canée. Ce n'est pas au sol qu'il faut attribuer cette infécondité. Le même soleil l'éclaire, les mêmes ruisseaux l'arrosent. C'est donc uniquement à la tyrannie du gouvernement qu'il faut s'en prendre.

Des objets de la dernière importance, qui étendraient infiniment le commerce des Crétois, sont presque entièrement négligés. Le mûrier croît à merveille dans l'île. Le vers à soie s'y élève avec la plus grande facilité. Le coton qu'on y cultive est d'une belle qualité; les laines, sans être très fines, sont abondantes. Eh bien! il ne se trouve pas dans l'étendue du pays une seule manufacture qui puisse employer ces richesses premières! Aussi ne s'occupe-t-on guère de l'insecte qui produit la soie; aussi ne cultive-t-on le coton et le lin qu'en petite quantité; et jamais il ne viendra dans l'esprit d'un Turc que, sous un ciel favorable qui permet de tenir toute l'année les troupeaux parqués en plein air, il serait possible, avec des soins éclairés, en croisant les races, en veillant à leur nourriture, d'en obtenir des laines comparables à celles d'Espagne.

Que de biens un peuple policé retirerait d'une île qui, après avoir satisfait les premiers besoins de l'homme, lui fournirait encore tout ce qui sert à son utilité, à son agrément, et même à son luxe! combien il étendrait ses diverses branches de commerce! quels avantages ne lui procureraient pas des manufactures propres à les faire valoir! Les vins délicieux et peu connus du pays se répandraient par toute la terre. Ses forêts de pins, de cèdres, de chênes, entretenues avec soin, serviraient à faire des vaisseaux. Les laboureurs, excités par l'espérance de jouir du fruit de leurs travaux, défricheraient de vastes campagnes abandonnées à la stérilité, y sèmeraient des blés de toute espèce, augmenteraient leurs plantations, et, après avoir enrichi l'Etat, vivraient dans l'abondance au milieu de leurs nombreuses familles. Les hameaux et les bourgades redeviendraient une seconde fois des villes peuplées. Les arts, rappelés dans leur patrie, y fleuriraient encore ; en un mot, Crète la superbe renaîtrait de ses ruines.

Ces réflexions, Madame, ne sont pas les rêves d'un esprit exalté, ou d'un voyageur qui a vu le pays en courant. J'ai parcouru l'île de Candie pendant quinze mois. J'ai visité ses montagnes et ses plaines; je connais ses productions; je sais combien elles pourraient être augmentées, et je puis vous assurer que, dans le monde entier, il n'est point de contrée qui réunisse autant de biens réels. Voyez les arbres verts des régions glacées, couronner la cime de ses montagnes; ses monts moins élevés couverts des arbres fruitiers qui croissent dans nos climats; ses coteaux ornés de vignobles, dont les vins sont aussi variés qu'agréables; ses vallées plantées d'arbres fruitiers qui donnent des fruits délicieux, et dont plusieurs viennent sous la zône torride; ses plaines enrichies de toutes les espèces de grains que la terre produit. Faites attention que la nature a placé ses plus beaux ports, *Palio Castro* sous le cap Salomon, Spina-Longa, la Sude, Garabuze, à l'orient, au nord et à l'occident de l'île, comme si son commerce devait embrasser toutes les parties du monde. Je n'ajouterai qu'un mot, Madame : sa position, presque à égale distance de l'Europe, de l'Asie, de l'Afrique, la met en relation avec ces trois parties du monde, et je crois que l'on ne peut guère trouver une situation plus favorable.

Que l'on ne m'accuse pas de représenter les Ottomans avec des couleurs trop noires. Je parcours leur empire ; j'ai sous les yeux les maux de toute espèce qu'ils ont faits, aux sciences, aux arts, aux hommes ; je les vois porter la peste d'île en île, de contrée en contrée, sans que l'exemple de toutes les nations puisse les éclairer ; et je ne m'élèverais pas contre l'insouciance de ce peuple barbare ! et je n'accuserais pas son fatalisme destructeur ! et je n'aurais pas des paroles de feu pour peindre les crimes de son gouvernement, de ce gouvernement ennemi du genre humain, qui a plus fait périr d'hommes que le fer de ses conquérants n'en a moissonnés ! A la vue de ces tristes spectacles mon cœur s'indigne et gémit, ma bile s'allume, et je voudrais conjurer toute l'Europe contre ces Turcs qui, descendus des monts de l'Arménie, ont écrasé les nations sur leur passage, et se sont frayés à travers des flots de sang une route jusqu'au trône de Constantinople. Les beaux pays qu'ils habitent n'ont point adouci la férocité de leur caractère. La force est leur loi, le sabre leur justice.

FIN.